세상에서

가장 아름다운 것은

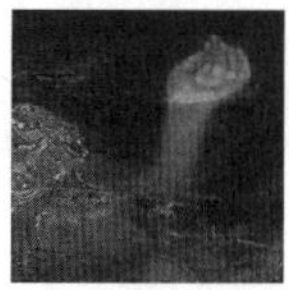

죽은 여자다

1판 1쇄 발행 | 2024년 1월 31일

지은이 | 윤단우

책임편집 | 소원
디자인 | 정계수
마케팅 | 김예빈

인쇄제책 | 디프넷
물류대행 | 고려출판물류
유통대행 | 가인플러스

펴낸곳 | 로제타
출판등록 | 2010년 9월 29일 (제2012-000010호)
주소 | 서울시 마포구 독막로20길 48, 302호
전화 | 070-4024-2449

이메일 | hersight.pub@gmail.com
페이스북 | www.facebook.com/hersight
인스타그램 | @_hersight
엑스(구 트위터) | @_hersight

허사이트는 로제타의 여성주의 출판 임프린트입니다.
이 도서는 한국출판문화산업진흥원의 '2023 중소출판사 출판콘텐츠 창작 지원 사업'의 일환으로 국민체육진흥기금을 지원받아 제작되었습니다.

허사이트 시선 총서 3

여자의 죽음으로 사랑을 다시 읽는다

세상에서 가장 아름다운 것은 죽은 여자다

윤단우 지음

허사이트

추천의 글

예술 안과 밖의 여자들

이성미(시인)

2018년 각계에서 미투 운동이 일어나자 정부는 부처 합동 대책을 발표했고, 2019년부터는 8개 부처(법무부, 국방부, 교육부, 문화체육관광부, 고용노동부, 보건복지부, 경찰청, 대검찰청)에 '양성평등정책담당관' 직제를 두어 영역별 성희롱·성폭력 근절과 성평등을 위한 정책을 전담하는 조직을 만들었다. 이후 여성가족부는 각 부처 '양성평등정책담당관 협의체' 회의를 운영하고 있다. 문화예술계의 경우 성폭력으로부터 안전한 예술창작 환경을 만드는 것 외에 또 다른 과제가 부여되었는데, 이는 예술가들이 문화예술 콘텐츠의 생산자라는 특성에서 나온다.

예술가는 예술 작품과 문화콘텐츠에 가장 많은 영향을 받는 그룹이면서 또 그것을 생산하는 자이다. 예비 예술가는 '정전'이라고 불리는 문화예술 작품들을 학습하면서 작품에 내재된 성차별적 관점과 남성 중심 서사, 여성에 대한 성적 대상화를 내면화하면서 예술가로 성장한다. 그리고 예술가로서 다시 남성 중심 서사의 예술 작품과 문화콘텐츠를 생산함으로써 예술계 및 국민 전체 문화에 영향을 미치게 된다. 이것이 예술계의 성차별 의식과 문화가 재생산되고 지속되어 온 과정이며, 문화예술 분야의 성평등 의식과 문화가 중요한 이유다.

2018년 11월 27일 한국콘텐츠진흥원의 콘텐츠성평등센터 '보라'는 "콘텐츠 속의 성폭력, 콘텐츠 밖의 사람들"이라는 주제로 특강을 열었다. 뮤지컬, 연극, 드라마, 영화 속의 성폭력 사례를 분석하고 콘텐츠를 만드는 사람들의 이야기를 다루겠다고 예고했다. 특강의 내용은 막상 기대에 미치지 못했는데, 문화예술 콘텐츠에 대한 성평등 관점의 분석과 연구가 그닥 축적되지 않았던 당시의 한계 때문이겠다. 하지만 이 특강의 제목은 미투 운동을 거친 문화예술계 앞에 어떤 과제가 놓여 있는지 정확히 가리켰다. 콘텐츠 속에서 다루어지는 폭력적, 차별적 요소들이 콘텐츠 밖 세계의 폭력과 차별로 연결되는 바로 그 지점 위에 문화예술인들은 서 있다.

젊은 신인 예술가 또는 예술가 지망생을 대상으로 한 기성 예술가와 예술대학 교수의 성폭력을 고발한 예술계 미투 운동은 3차로 나눌 수 있다. 1차는 할리우드 미투 이전 2016년 10월에 시작된 '#ㅇㅇ계_내_성폭력' 해시태그 운동으로, 문학, 미술, 사진, 만화 등 개인 창작 장르와 영화계에서 일어났다. 2차 미투는 2018년 2월 연극연출가 이윤택의 성폭력에 대한 고발을 시작으로 공연예술계 등 집단 창작 장르가 중심이었다. 2019년의 3차 미투는 체육계를 시작으로 무용계로 이어졌는데, 무용은 신체를 예술도구로 하는 분야라고 할 수 있다.

윤단우 작가는 2021년 출간된《여성, 신체, 공간, 폭력》중 '무용이라는 이상하고 아름다운 세계'에서 "몸의 식민화"가 어떻게 이루어지는지 분석하고 '신체주권'이라는 개념을 제시한 바 있다. 자기 신체에 대한 결정권이 미약하고 신체 간의 경계가 흐릿해지기 쉬운 무용과 체육 분야에서 성적 자기결정권을 침해하는 성폭력에 대한 고발이 가장 늦게 나온 이유를 이해할 수 있었다.

무용과 공연예술에 대한 칼럼과 기사를 써 온 윤단우 작가는 전작《여성, 신체, 공간, 폭력》,《기울어진 무대 위 여성들》에서 무용 현장과 무용 작품에서 여성성에 대한 고정관념이 어떻게 재생산되고 성폭력으로 쉽게 이어지는지 분석했다.

이번에 출간되는《세상에서 가장 아름다운 것은 죽은 여자다》는 고전 스토리를 분석하면서 발레와 오페라 등 공연예술 작품의 기원이 되는 문학 작품과 신화까지 겨냥한다. 늘 여성에게 따라붙는 '아름다움', '사랑'이라는 키워드가 콘텐츠에서 '죽음'이라는 키워드와 만나 서사구조를 형성하면, 윤단우 작가가 이 책 서문에서 질문했듯이 "사랑은 왜 여성의 죽음으로 완성되어야 하는가?"라는 질문을 낳게 된다. 콘텐츠를 만드는 사람에게도 관람하는 사람에게도 너무 익숙해서 의문을 품어본 적 없는 일들에 대한 질문은 소중하다. 윤단우 작가가 이 책에서 던진 질문과 답은 또 다른 질문으로 이어지는 다리가 될 것이다.

미투 운동 이후 성평등을 지향하고 의식하는 예술가들의 작품이 꾸준히 발표되었다. 젠더폭력이나 차별을 비판하는 작품들, 젠더롤(gender role)을 흔드는 작품들, 가부장제 질서를 문제시하는 작품들, 할머니와 엄마와 딸로 이어지는 여성들의 이야기, 성소수자를 가시화하는 작품 등이 만들어졌다. 안티테제로서의 질문, 즉 무엇이 남성 중심 서사인가에 대한 답이 비교적 명확하다면, 테제로서의 질문, 즉 여성 서사란 무엇인가 또는 여성주의 시란 무엇인가에 대해서 나는 한동안 답하기가 어려웠다.

내가 답을 다양한 가능성을 품은 공란으로 비워둔 동안 새로운 서사들이 등장하거나 재발견되기 시작했다. 최근에는 젊은 여성 시인들의 시를 읽다가 '단어'가 변하고 있다는 것을 보게 되었다. 주제뿐 아니라 '감각'이 변화하고 있다. 한편으로 뿌리를 형성하는 고전 서사구조를 해체하고, 한편으로 여성주의와 다양성의 서사구조와 감각들이 세계를 채워가는 것. 그래서 예술의 안과 밖 곳곳에서 여성주의와 다양성의 감각들이 발견되는 것, 나는 그 세계를 희망한다.

프롤로그

나는 아름다움을 위해 죽었다

나는 아름다움을 위해서 죽었답니다 — 그런데
무덤에 잘 적응하지 못했지요
진실을 위해 죽은 자가
바로 옆방에 눕혀지더니 —

"왜 죽었습니까?" 그가 나직이 물었지요.
"아름다움 때문에." 내가 대답했어요 —
"나는 — 진리를 위해서라오 — 그 둘은 하나이니 —
우리는 형제로군요." 그가 대답했지요 —

그리하여, 밤에 만난, 동지로서 —
우리는 방 너머로 이야기를 나눴답니다 —
이끼가 우리 입술까지 차올라 —
우리 둘의 이름까지 — 완전히 뒤덮을 때까지 —

에밀리 디킨슨의 시 '나는 아름다움을 위해서 죽었답니다' 전문이다. 시의 본문에 화자의 성별이 명시적으로 드러나 있지는 않으나 아름다움을 위해 죽은 '나'는 여성, 진리를 위해서 죽은 '그'는 남성이라고 유추할 수 있다. 디킨슨의 이 시가 아니더라도 특정 가치에 성별에 따른 대표성이 부여되는 이 같은 구도는 너무 흔해서 예시로만 탑을 쌓는 것도 가능할 정도다. 그렇다면 어째서 여성은 '아름다움'을 위해 죽고 남성은 '진리'를 위해 죽은 것일까.

시대 혹은 문화에 따라 그 시대와 그 문화를 대표하는 여성상에는 드라마틱한 변화가 있어 왔지만 그러한 여성상에는 '아름다움'이라는 수식어가 곧잘 따라붙는다. 이 '아름다움'은 여성의 외모나 패션 등과 같은 겉으로 드러나는 시각적인 요소에만 한정되지 않고 여성에게 요구되는 행동이나 마음가짐 그리고 이를 뛰어넘어 여성 보편의, 혹은 고유의 것인 양 여겨지는 가치 전반에 적용되고 있다.

예컨대 살림이나 돌봄처럼 아예 여성의 것으로 확고하게 성별화된 단어들 외에도 인내, 인화, 양보, 희생, 평화, 비폭력 등은 성별과 관계없는 무형의 가치들이지만 쉽게 여성화되기 일쑤다. 이처럼 성별화된 가치는 가치 그 자체로 존재하는 것이 아니라 해당 성별에 보이지 않는 박스를 씌워 수행의 근거로 자리매김한다. 이를 수행하는 여성에게는 아름답다는 찬사가 바쳐지고, 이들 가치와 불화하는 여성에게는 비난이 가해지거나 더 나아가 처벌 대상이 되기도 한다.

무릇 대표성을 띠는 여성상이라 함은 시대와 문화에 따라 여성에게 요구되는 가치가 반영되어 만들어지는 것이기에 가치의 변화와 여성상의 변화는 서로 맞물리기 마련이며, 이 같은 변화는 아름답다는 찬사를 통해 적극 권장되어 다시 여성들의 행동강령으로 굳어진다. 여성이 목숨을 바쳐서라도 정조를 지켜야 한다는 순결 이데올로기가 전통적인 여성상을 조형하는 밑바탕이 되었다가 오늘날에는 여성을 억압하는 낡은 악습으로 여겨지고 있는 것처럼, 여성적 가치에 대한 평가는 시대에 따라 달라지지만 여성에게 요구되는 새로운 가치는 늘 아름다움과 함께 등장한다. 반대로 말하자면 아름다움이라는 수사는 변치 않고 유지되면서도 그 안의 내용물은 시대와 문화에 따라 변화를 겪는다.

물론 디킨슨의 시에서 말하고 있는 것과 같이 '아름다움'과 '진리'는 동일한 가치의 다른 이름일 수 있으며, '아름다움'은 꼭 여성화된 가치에만 붙는 수사는 아니다. 그러나 여성과 남성이 동일하게 이타적인 어떤 행위를 했을 때에도 여성의 행위는 '아름다운 희생'으로, 남성의 그것은 '숭고한 희생'으로 불리는 것처럼 '아름다움'은 행위자가 여성이라는 이유로도 따라붙곤 한다. 어쩌면 아름다움이야말로 여성에게는 새로운 정조, 아니 시대의 변화와 무관하게 변치 않고 이어져 내려갈 불멸의 정조인지도 모른다.

*

'세상에서 가장 아름다운 것은 죽은 여자다'라는 이 책의 제목은 '냉장고 속의 여자(Women in Refrigerators)'에서 최초의 실마리를 얻었다. '냉장고 속의 여자'란 1990년대 후반 미국의 만화 작가 게일 시몬이 고안한 용어로, 1994년 발행된 DC 코믹스 〈그린랜턴〉 54편에서 주인공이 자신의 집 냉장고에서 악당의 손에 잔인하게 토막살해당한 여자친구의 시체를 발견하고 분노해 악당을 물리치고 히어로로 멋진 활약을 펼치게 된 데에서 유래했다. 이후 서사에서 스토리의 전개를 위해 살해 또는 강간당하거나 부상을 입고 남성 주인공의 성장과 각성을 위한 플롯상의 도구로 이용되는 여성 인물을 가리키는 용어로 굳어졌다.

이 '냉장고 속 여자'가 국내에서 비평가 일부 그룹이 공유하는 개념어에서 벗어나 여성 일반이 사용하는 대중어가 된 것은 게일 시몬이 언어를 창안해내고도 한참 뒤인 2010년대 중후반으로, SNS에서 이 주제로 활발한 토론을 벌인 여성주의자들은 게일 시몬의 지적에서 한 걸음 더 나아가 "영상물에서 '냉장고 속 여자'의 죽음은 왜 그토록 아름답게 묘사되는가?"라는 새로운 질문을 도출했다.

이 질문은 나의 오랜 두려움을 일깨웠다. 지금으로부터 꼭 십 년 전, 나는《사랑을 읽다》라는 책에서 문학 작품 속 파국에 이르는 사랑에 대해 썼는데, 당시의 내 질문은 "사랑이 무엇이기에 주인공들을 안온한 삶 바깥으로 튕겨져 나가게 만들었는가"였다. 하지만 이것은 원고를 쓰면서 차마 수면 위로 올려놓지 못한 질문, "두 사람이 한 사랑이 파국에 이르렀을 때 왜 여성은 그 자신을 죽이고 남성은 여성을 죽이는가" 라는 질문을 교묘히 비껴나간 것으로, 나는 사랑의 파국이 여성과 남성에게 다른 형태로 주어지는 것에 대해서는 침묵을 지켰다. 설명하기 어려운 두려움 때문이었다.

2017년 여성신문의 문화예술 관련 연재 기획인 '기울어진 극장'의 필진으로 참여해 공연을 주제로 칼럼을 쓰게 되었을 때, 나는 〈카르멘〉의 주인공을 기존의 주체적이고 자유로운 여성이라는 관점에서 벗어나 이별살인 피해자라고 명명하며 이 질문과 다시 마주하게 되었다. 당시만 해도 나의 관점에 동의하는 이들은 많지 않아서 오히려 허구의 창작물에 현실의 잣대를 가져다댄다는 비난을 다수에게서 받았었다. 그리고 이 책을 쓰면서 다시 마주한 이 질문은 설명하기 어려웠던 그때의 두려움이 어디서 기인한 것이었는지 알려주었다. 그것은 가공된 창작물의 세계와 현실의 세계가 결코 안전하게 분리되어 있지 않다는 진실을 정면으로 바라보는 데 대한 두려움이었다.

이 질문을 던지기 위해서는 그동안 내가 사랑해 온 고전 작품들을 다시 읽는 것이 필요했다. 이는 적당히 불유쾌한 정도가 아니라 매우 고통스러운 경험이었다. 그 작품들 속 여성의 죽음은 '냉장고 속 여자'의 그것과는 조금 결이 달랐지만 이 죽음들을 통해 사랑이 더욱 위대해지고 지고해진다는 점에서, 그러니까 여성이 목숨을 버림으로써 사랑은 불멸의 것으로 완성된다는 점에서 도구로 이용당하는 것은 마찬가지였다. 아니, 그들은 사랑을 완성하기 위해 전 인생의 서사를 통째로 다 바쳐야 한다는 점에서 어쩌면 '냉장고 속 여자'보다 더 취급이 나빴다. 예술사회학자 이라영은 여러 명의 필자와 고전 다시 읽기를 수행한 책《여자를 모욕한 걸작들》에서 이 같은 여성의 도구화에 대해 한 문장으로 일갈했다.

> "여성은 에로스의 대상이 되어 사랑과 혁명의 불쏘시개로 여겨졌다."

*

결국 이 책에서 내가 던지고자 하는 질문은 "사랑은 왜 여성의 죽음으로 완성되어야 하는가?"라는 것이다. 이 질문은 필연적으로 다음의 두 가지 질문과 이어지는데, "여성은 사랑을 불멸로 만들기 위해 목숨을 바쳐야 하는 존재인가?"와 "여성의 죽음을 통해서만 그 영원성과 절대성을 획득할 수 있다면 사랑이 그토록 칭송받아야 할 이유는 무엇인가?"라는 질문이 그것이다.

이처럼 질문을 구체화해서 던질 수 있게 된 것은 안무가 윤상은의 2020년 작 〈죽는 장면〉을 보고 나서다. 〈죽는 장면〉은 이 책의 바로 전작인《여성, 신체, 공간, 폭력》을 쓰는 데에도 중요한 영감이 되어준 작품으로, 공연은 제목 그대로 클래식발레의 대표작들 가운데 여성 주인공이 '죽는 장면'만을 따로 발췌해 보여준다. 이 '죽는 장면'의 전시는 예상치 못한 일격이었다. 나는 공연을 보는 것이 직무의 일부인 사람이었음에도 익숙한 이야기 속 죽음들이 무대 위에서 살아 있는 여자의 신체를 통해 재현되었을 때 전달될 충격에 대해서는 전혀 방비가 되어 있지 않았다.

내가 받은 충격이 무대 위 죽음의 연쇄가 '여성'의 모습으로 행해진 데에서 기인한 것은 분명했지만 이 충격을 정확히 설명하는 것은 내 능력 밖의 일로만 느껴졌다. 그러다 이 책의 원고를 마무리하기 전 읽은 한 칼럼에서 일말의 단서를 발견할 수 있었다. 연극연출가 손진책의 첫 오페라로도 화제가 되었던 서울시오페라단의 〈투란도트〉에서 손 연출은 주인공

투란도트가 칼라프 왕자의 사랑을 받아들이는 기존의 해피엔딩을 뒤집어 투란도트의 자살로 극을 마무리한다. 시녀 류의 희생으로 투란도트와 칼라프의 사랑이 아니라 국가와 민중을 해방시키는 한 차원 높은 희망을 선보이고 싶었다는 연출의 변이다. 이러한 결말에 대해 대원문화재단의 이지영 전문위원은 한국일보에 기고한 칼럼 '여성의 대립과 연대, 현대적 재해석으로 완성된 여성적 영웅의 오페라 〈노르마〉와 〈투란도트〉'에서 "작품마다 여주인공을 살려두지 않는 푸치니를 생각할 때 손 연출의 해석은 훨씬 타당해 보인다"고 썼다.

이 "여주인공을 살려두지 않는"이라는 표현은 고전이 쉼없이 생산해 온 여성의 죽음에 대해 많은 것을 설명해준다. 이는 여성의 죽음을 대하는 한 예술가의 태도인 동시에 그 예술가가 제시하는 여성의 죽음을 '장르적'으로 혹은 예술가 고유의 '스타일'로 받아들이는 비평가, 더 나아가 관객 일반의 태도이기도 했다. 또한 내가 그동안 고전 속 여성들의 죽음에 대해 관습적으로 취해 온 태도였음은 물론이다. 그러니까, 나는 윤상은이 무대에서 '죽는 여자'들을 연기하던 그 순간 이 죽음들을 그저 장르의 문법이나 스토리 아크의 한 장치로만 이해하고 있었다는 걸 통렬하게 깨달았던 것이다.

하여 나는 이 책에서 우리에게 친숙한 고전 열다섯 편을 '여성', '죽음', '사랑'이라는 세 가지 키워드로 다시 읽어보았다. 고전을 대상으로 삼은 것은 두 가지 이유가 있다. 앞서도 언급한 책《여성, 신체, 공간, 폭력》에서 영화 〈별들의 고향〉을 '(대중문화에서) 죽는 여자의 시대'를 알리는 서막이 된 작품이라고 쓰며 생략한 질문인 "'죽은 여자의 시대'는 어디서 기원했는가?"에 대한 답을 찾는 한편 이 고전 속 죽음들은 영화와 연극, 오페라와 발레 등으로 현대의 창작자들에 의해 끊임없이 재창작되며 재현되는 '죽음의 무한순환'에 대해서도 한 번 더 생각해보고자 한다.

이들 작품 속 여성들의 죽음은 매우 다양하다. 안나 카레니나처럼 스스로 목숨을 끊는 경우도, 카르멘처럼 사랑하는 남자에게 살해당하는 경우도, 마르그리트 고티에처럼 사랑하는 남자에게 버림받고 병들어 쓸쓸하게 죽는 경우도 있다. 책에서는 이 죽음들을 유형별로 나누어 1부에서는《햄릿》의 오필리어, 〈지젤〉의 주인공 지젤,《마농 레스코》의 마농,《춘희》의 마르그리트, 그리고 마지막으로 다른 작품의 동일 인물인《제인 에어》의 버사와《광막한 사르가소 바다》의 앙투아네트를 '미치거나 병들어 죽는 여자들'이라는 주제를 부여해 함께 다루었다.

2부에서는 《안나 카레니나》의 안나, 《보바리 부인》의 엠마, 《로미오와 줄리엣》의 줄리엣을 스스로를 살해하는 여자들의 이야기로 한데 모으고, 3부에서는 그 반대로 남자의 손에 살해되는 여자들의 이야기로 《오셀로》의 데스데모나, 《카르멘》의 카르멘, 《크로이체르 소나타》의 아내를 다루었다. 3부 마지막 장에서 다뤄진 마타하리는 실존 인물이지만 그의 생애가 예술 작품으로 활발하게 재창작되고 있는 데다, 남성 집단에 의한 여성 개인의 죽음의 의미를 다시금 살펴보고자 작품 속 인물들과 나란히 놓았다.

마지막으로 4부에서는 '남자를 죽이는 여자들'로 《물의 요정 운디네》의 운디네, 《살로메》의 살로메, 역시 다른 작품의 동일 인물인 《메데이아》와 《메데이아, 악녀를 위한 변명》 속 메데이아 이야기를 살펴보았다. 4부의 이 '죽이는' 여자들은 '죽임을 당하는' 여자들에 비해 관심도는 현저히 떨어지지만 이 서로 다른 방향의 죽음들을 비교하며 읽어보는 것도 적잖은 의미가 있을 것이다.

십 년 전, 나는 《사랑을 읽다》의 서문에서 "지금 뜻대로 되지 않는 사랑 때문에 괴로워하고 있는 이들에게 이 책이 변덕스럽고 제멋대로인 사랑의 속성을 이해하는 데 조금이라도 도움이 된다면, 그래서 기대를 배반당하고 사랑에 실망하는 것이 아닌 좀 더 슬기롭고 현명하게 사랑할 수 있도록 용기를 줄 수 있다면 기쁘겠다"고 썼다. 이는 남성의 존재를 가부장제의 주인이자 이성애 연애의 중심축이라는 이유로 어쩔 수 없는 자연재해처럼 받아들이는 시각을 비판 없이 수용했던 것으로, 이제 여성의 죽음을 통해 사랑을 다시 읽는 이 책《세상에서 가장 아름다운 것은 죽는 여자다》에서는 그때 무책임하게 사랑을 권했던 서문을 다음과 같이 고쳐 쓰는 것으로 프롤로그를 마무리하려고 한다.

지금 뜻대로 되지 않는 사랑 때문에 괴로워하고 있는 여성들이 있다면 그 변덕스럽고 제멋대로인 사랑을 위해 당신을 바치진 말라고 말하고 싶다. 쉬쉬하며 아무도 말하지 않는 사랑의 비밀을 지금부터 말해주겠다. 사랑은 원래부터 위대하거나 절대적이거나 불멸이었던 것이 아니라 그 사랑을 완성하기 위해 헌신한 당신들 덕분에 그렇게 영광스러운 지위를 얻게 된 것이다. 당신은, 사랑보다 귀한 존재다. 기억해야 하는 사실은 오직 그것 하나뿐이다.

| 차례 |

part 1

미치거나 병들어 죽는 여자들

오필리어

지젤

마농

마르그리트

버사 혹은 앙투아네트

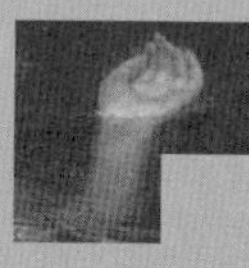

보답받지 못한 사랑의 끝은

오필리어 _ 윌리엄 셰익스피어 作
〈햄릿〉 등장인물

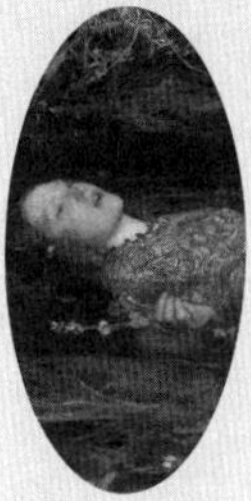

아름다운 처녀에게 아름다운 꽃들을. 안녕!
나는 그대가 햄릿의 아내가 되기를 희망했었다.
나는 꽃으로 그대의 신방을 장식하려 했었지,
아름다운 처녀여,
그대의 무덤에 뿌리리라고는 미처 생각지 못했다.

-《햄릿》 중 거트루드의 대사

*본문에서 작품 제목을 표기할 때 그림, 공연, 영화, 정기간행물 등의 제목은 홑화살괄호(〈 〉)로, 단행본으로 출간된 도서 제목은 겹화살괄호(《 》)를 사용하였다. 만약 공연 제목과 도서 제목이 동일할 경우 공연된 작품을 가리킬 경우에는 홑화살괄호를, 도서 내에서 작중 인물의 대사 등을 발췌 인용할 경우는 겹화살괄호로 표기하였다.

영국인들이 가장 사랑하는 죽은 여자

수풀이 잔뜩 우거진 강가, 우아한 드레스 차림의 젊은 여성이 물속에 힘없이 누워 있다. 반쯤 뜬 눈에는 초점이 없고 입술도 힘없이 벌어져 있으며, 양손은 부자연스럽게 경직되어 있는 모습이다. 라파엘 전파(Pre-Raphaelites)를 대표하는 영국 화가 존 에버렛 밀레이의 작품 〈오필리어〉다.

밀레이를 비롯해 라파엘 전파의 화가들은 셰익스피어의 작품에서 많은 영감을 받아 이를 그림으로 남겼다. 이 가운데 오필리어는 셰익스피어의 수많은 인물들 가운데 이들이 가장 사랑한 소재다. 밀레이 외에도 존 윌리엄 워터하우스, 단테 가브리엘 로제티 등 라파엘 전파에 속했거나 영향을 받은 화가들 외에도 아서 휴즈, 토머스 프랜시스 딕시, 쥘 바스티앙 르파주, 쥘 조제프 르페브르, 프리드리히 빌헬름 하이저, 조르주 클레린 등 당대에 일가를 이룬 유명 화가들이 앞다투어 오필리어를 그림으로 남겼다. 이들은 특히 죽은 오필리어의 모습을 아름답게 묘사하는 데 진력했다.

〈햄릿〉은 셰익스피어 4대 비극 가운데 가장 먼저 발표되어 가장 많이 공연된 작품이다. 새로운 작품이 끊임없이 만들어지고 있는 오늘날에도 〈햄릿〉의 인기는 전혀 식지 않아서, 배우라면 일생에 한번쯤은 햄릿으로 무대에 오르는 꿈을 꾸고, 전 세계 수많은 극장 무대에는 오늘도 〈햄릿〉이 멈춤 없이 공연되고 있다. 셰익스피어 연구자들인 앤 톰슨과 닐 테일러는 이 같은 〈햄릿〉의 꾸준한 인기에 대해 "끊임없이 재해석되고 누군가에 의해 공연되고 있는 작품"이라고 말한 바 있다.

그러나 화가들의 햄릿에 대한 사랑은 오필리어만큼 뜨겁지 않다. 셰익스피어 작품의 주인공은 햄릿이지만 미술계에서는 오필리어가 진짜 주인공이라 해도 과언이 아니다. 밀레이의 〈오필리어〉는 영국인들이 가장 사랑하는 작품으로도 꼽힌다.

라파엘 전파는 1848년 윌리엄 홀먼 헌트, 존 에버렛 밀레이, 단테 가브리엘 로세티 등이 중심이 되어 결성한 영국의 개혁적인 문예유파로, 라파엘로와 미켈란젤로의 뒤를 이은 매너리즘 화가들의 화풍을 거부하고 라파엘로 이전의 초기 르네상스 화풍으로 돌아가고자 했다. 이들은 라파엘 이후 시대의 예술가들이 상실한 숭고하고 창조적인 무결성을 되찾아 예술가 개인이 작품의 아이디어나 묘사 방식을 스스로 결정해야 한다고 생각했다. 아카데미 교육에서 중시하는 라파엘 회화의 고전적인 자세와 우아한 구성은 이들의 비판 대상이었다.

이들에게는 자연으로부터 얻은 진실된 영감이 매우 중요했기 때문에 자연을 직접 스케치했고, 당대의 예술이 잃어버린 무결성을 되찾기 위해 중세로의 회귀를 꿈꾸었으며, 아름다움을 무엇보다 숭앙했다. 이들의 개혁 운동은 훗날 사실주의와 중세주의로 분화했고, 예술을 위한 예술이라는 이상을 추구하는 예술지상주의에도 영향을 주었다.

밀레이의 그림으로 돌아가보자. 오필리어를 둘러싸고 있

는 자연 풍광을 그리기 위해 밀레이는 잉글랜드 서리 근교의 호그스밀 강변 마을에 넉 달 동안 체류했다. 작품 속에는 강가에 우거진 덤불과 나무, 꽃 등이 매우 섬세하게 묘사되어 있는데, 여기에는 저마다의 상징적인 의미가 담겨 있다. 오필리어의 머리 위에 드리운 수양버들은 버림받은 사랑을, 쐐기풀은 고통, 양귀비는 죽음, 제비꽃은 순결, 데이지는 순수, 팬지는 허무한 사랑을 각각 의미한다.

오필리어는 실존하지 않는 허구의 인물이지만 자연에 대한 이 같은 극도의 사실적인 묘사를 통해 그의 죽음이 갖는 시적 내러티브를 효과적으로 보여주고 있다. 작품 속 오필리어의 모델은 화가 겸 모델 엘리자베스 시달로, 시달은 강물에 빠진 오필리어의 모습을 연기하기 위해 물을 가득 채운 욕조에 몇 시간이고 누워 있느라 지독한 감기에 걸렸고, 시달의 아버지가 밀레이에게 병원비와 치료비를 주지 않으면 법정에 고발하겠다고 항의했다는 에피소드가 함께 전해진다.

셰익스피어가 오필리어에게 준 것은

화가들의 오필리어에 대한 숭배에 가까운 사랑이 다소 의

아해질 정도로 〈햄릿〉에서 오필리어가 차지하는 비중은 크지 않다. 4대 비극으로 한데 묶이는 작품들이 모두 인간의 본성을 파헤치는 심리 드라마인 까닭에 주인공의 내면에서 일어나는 고뇌와 갈등이 작품 전개의 중심축을 이룬다. 그렇다 보니 주인공의 독백이 많고 주인공이 아닌 인물은 그 목소리가 크지 않다. 비극으로 끝나는 〈로미오와 줄리엣〉이 여성 인물에게도 어엿한 자리를 내어주고 있는 것과 달리 셰익스피어의 비극은 철저히 남성의 드라마로 전개된다. 줄리엣이 매우 이례적이라 할 정도로, 비극만이 아니라 희극이나 역사극에서도 목소리를 크게 들을 수 있는 것은 모두 남성들이다.

16세기 작가인 셰익스피어의 작품에서 굳이 여성혐오를 읽어내고자 함은 아니다. 영국 최초로 계관시인을 지낸 벤 존슨은 셰익스피어를 가리켜 "어느 한 시대의 사람이 아니라, 모든 시대의 사람"이라고 극찬했다. 남성이 인류의 '디폴트'로 간주되는 것은 예나 지금이나 새삼스러울 것이 없으며, 셰익스피어가 인간 본연의 모습을 심도 있게 고찰해 성격비극의 걸출한 전형을 이룩했다는 식의 평가 역시 새로울 것이 없다.

그럼에도 〈오셀로〉의 데스데모나, 〈리어 왕〉의 코델리어, 〈맥베스〉의 레이디 맥베스와 비교해보더라도 〈햄릿〉의 오필리어는 유독 작품 내 존재감이 미미하다. 아버지의 죽음에 얽힌 비밀을 알게 되어 고뇌에 빠지는 햄릿의 심리 드라마에서 오필리어는 '여주인공'조차 아니다. 작품 내내 오필리어는 어쩌면 햄릿의 연인 혹은 부인이 될 수도 있었던 가능성의 존재로만 남는다.

그래서 원작 희곡을 읽다 보면 무대에서 본 것보다 오필리어의 비중이 크다는 걸 깨닫고 한번 놀라고, 그에게 부여된 비중이 배우가 무대에 직접 등장하지 않고 다른 등장인물의 대사로만 처리해도 드라마의 전개에 지장이 없을 정도로 보잘것없다는 데 또 한번 놀라게 된다.

대중적으로 너무나 잘 알려진 〈햄릿〉의 줄거리를 다시 살펴보자. 덴마크의 왕자 햄릿은 선왕의 갑작스러운 죽음과 숙부 클로디어스의 즉위, 어머니 거트루드와 숙부의 재혼 등을 한꺼번에 겪으며 혼란에 빠져 있다. 여기서 적통 왕자인 햄릿이 아니라 숙부가 왕위를 잇는 것이 어딘가 부자연스러워 보이기는 하지만 셰익스피어 같은 이야기꾼이 이야기를 시작하자마자 끝낼 리는 없으니 이는 넘어가기로 하자.

햄릿에게 중요한 것은 왕위 계승권 같은 권력의 문제보다는 결혼생활의, 부부 간의 신의와 윤리의 문제다. 그는 아버지의 죽음보다는 어머니가 남편의 죽음을 충분히 슬퍼하지도 않은 채 또다시 결혼을, 그것도 남편의 동생을 새로운 배우자로 맞는 결혼을 했다는 사실에 더 충격을 받는다. 그런데 설상가상으로 아버지의 유령이 나타나 자신은 살해당했으며, 살인자는 동생 클로디어스라고 밝힌다. 햄릿의 충격은 더욱 가중된다. 어머니가 숙부와 재혼한 것도 햄릿으로선 받아들일 수 없는 비윤리적인 일인데 심지어 그 숙부가 아버지의 살인범이라니.

선왕의 유령은 어쩌면 맥베스에게 뱅코의 유령이 그랬듯이 자신을 죽인 클로디어스 앞에 직접 나타나 그의 죄책감을 일깨울 수도 있었을 것이다. 그러나 그는 아들 햄릿에게 자신의 죽음의 진실을 알려주며 복수를 부탁한다. 햄릿은 어떻게 복수를 해야 할지 고민하기 시작한다. 아버지의 살인범이 클로디어스임을 알게 되었으니 거트루드에게 느꼈던 증오와 배신감이 진범에게로 옮겨갈 법도 한데 햄릿은 클로디어스의 범죄와 거트루드의 부덕을 구분할 마음이 없다. 그는 미친 척 연기를 하는 동시에 아버지의 죽음을 연극으로 각색해 클로디어스와 거트루드 앞에 보여주기로 한다. 햄릿이 준비한 연극을 본 클로디어스는 분노하고 거트루드는 충격을 받는다.

클로디어스가 햄릿의 암살 음모를 꾸미는 동안 거트루드는 아들을 자신의 침실로 불러 왜 이런 연극을 만들게 되었는지 자초지종을 들으려 한다. 그러나 햄릿은 도리어 거트루드의 행실을 비난하고, 침실에 숨어 대화를 엿듣고 있던 폴로니우스를 클로디어스로 착각해 살인을 저지른다. 폴로니우스는 클로디어스의 최측근이자 햄릿의 친구 레어티즈의 아버지이기도 하다. 오필리어는 폴로니우스의 딸이자 레어티즈의 동생이다.

·

사랑을 보답받지 못해 불멸이 된 존재

폴로니우스가 죽은 뒤에도 햄릿의 이야기는 계속되지만 셰익스피어가 오필리어를 위해 마련한 드라마는 폴로니우스의 죽음까지다. 오필리어는 귀족가에서 일등 신붓감으로 곱게 키운 숙녀의 모습으로 작품에 처음 등장한다. 그의 가장 큰 관심사는 햄릿의 애정이 진심인지 아닌지 확인하는 것이다. 오빠와 아버지는 이 세상물정 모르는 순진한 처녀에게 남자를 믿어선 안 된다고 조언한다.

햄릿의 하찮은 호의에 대해서는,
한때 혈기에 한번 해보는 장난으로 생각해,
절정의 청춘을 맞은 제비꽃 같은 거,
일찍 꽃피지만 영원하지 않고, 달콤하지만 지속되지 않는,
일순의 향기와 기분 전환,
그 이상은 아냐.

레어티즈가 이렇게 말하는 것은 동생을 향한 햄릿의 감정이 진실되지 못하다고 느껴서만은 아니다. 레어티즈의 말에 따르면 태생에 매여 있는 존재인 햄릿은 자신의 욕망에 솔직할 수 없다. 왕자인 그의 결혼은 "덴마크의 집단적인 목소리를 요하는 일"이며, "국가 전체의 안녕과 건강"이 달려 있다. 그렇기에 오빠로서 오필리어가 햄릿의 구애의 말에 마음을 빼앗기고 그의 "주체할 길 없는 간청"을 받아들여 "순결한 보물"을 열어주는 것을 두고볼 수만은 없다. 그는 오필리어에게 "조신한 처녀라면 달한테 몸을 보이는 것도 과한 법"이라며 "욕망의 사정거리와 위험에서 벗어나 있어야지"라고 조언한다.

오빠의 애정 어린 조언에 비해 아버지의 그것은 매우 신

랄하고 직설적이다. 폴로니우스는 햄릿의 구애가 "딱따구리를 잡는 뻔한 덫"이라 폄하하며 "그의 맹세를 믿지 마라, 맹세란 뚜쟁이야"라고 일갈한다. 왕자라는 햄릿의 신분이 갖는 무게감을 이해했던 레어티즈와 달리 냉소적인 성격의 폴로니우스에게는 햄릿이 왕자라는 사실도 그리 중요하지 않다. 그는 "옷 색깔은 성직자일지 몰라도, 부정한 간청의 변호사일 뿐이지, 좀 더 수월하게 꼬드기려고 신성하고 경건한 말을 내뱉는 뚜쟁이"라며 "네 처녀 몸을 좀 더 드물게 나타내거라"라며 딸을 단속한다.

그러나 폴로니우스의 이 같은 냉소는 오래 가지 않는다. 햄릿이 미친 척하는 연기를 시작하자 그는 딸에 대한 애정의 진정성을 의심했던 자신의 태도를 반성한다. 오필리어가 아버지가 시킨 대로 편지를 돌려보내고 만남을 거절했을 뿐이라고 고하며 신중한 태도를 보이는 것과 달리 폴로니우스는 "청년 시절 나도 사랑 때문에 지독했지, 거의 비슷했어"라며 햄릿의 광기가 오필리어에 대한 사랑에서 기인했다고 쉽게 믿어버린다.

이 같은 폴로니우스의 태도 전환은 인터넷 속어로 '캐붕'으로 느껴질 만큼 의아스럽다. 이야기의 전개에서 햄릿이 미친 척 연기하는 것이 아니라 진짜로 미쳤다고 믿게 하기 위해선 그럴듯한 명분이 필요한데, 그 명분으로 선택된 것이 오필리어에 대한 사랑이다. 폴로니우스가 앞서 딸에게 단단히 일러놓은 것을 망각한 사람처럼 햄릿의 사랑을 순순히 납득하는 것은 그가 미쳤다는 것을 믿기 위함이다. 폴로니우스가 햄릿의 연기를 믿어야만 극의 긴장감이 고조되기 때문이다. 그렇기에 이 사랑은 미친 햄릿의 알리바이로서의 사랑이며, 오필리어는 화병에 장식된 꽃처럼 사랑을 받기 위해 존재한다.

그러나 오필리어의 오빠도 아버지도, 햄릿의 애정이 자신들이 의심했던 것보다 더욱 병적인 구석이 있다는 것은 알지 못한다. 그들은 집안의 여자를 단속해야 하는 가부장과 예비 가부장의 입장에서 달콤한 고백으로 순진한 처녀를 꼬여내는 청년의 경박한 열정을 의심했던 것이지만, 햄릿의 애정은 여성에 대한 지독한 불신 위에 올려진 사상누각 같은 것이었다. 아내의 정조를 저버린 것은 어머니 거트루드지만(죽은 남편의 동생과 재혼한 것이, 그리고 재혼 시기가 빨랐던 것이 정조를 저버린 것인지는 차치하고라도) 햄릿의 증오는 애꿎은 오필리어에게로 향한다.

당신은 정결한가?

당신은 아름다운가?

당신이 정말 정결하고 아름답다면, 정결은 아름다움한테 친근한 대화를 허락해서는 안 된다는 얘기야.

햄릿은 오필리어의 정절을 의심하며 그를 사랑하지 않았다고, 결혼하지 않을 것이니 수녀원에나 가라고 저주한다.

정말 결혼하겠다면, 이런 저주를 지참금으로 주지. 그대 아무리 얼음처럼 정숙하고, 눈처럼 순결하더라도 중상모략을 피하지 못하리라. 수도원으로 가, 가라, 안녕. 그래도 혹시 결혼할 필요가 생기면, 바보와 결혼할 것, 현명한 자들은 여인네들이 남자를 어떤 괴물로 만드는지 꽤나 잘 알고 있거든. 수녀원으로, 가, 빨리 가야 된다. 안녕.

그런가 하면 아버지와 함께 햄릿의 연극을 보러 온 오필리어에게 "숙녀님, 당신 무릎 속에 누워도 될까요?", "내가 가운뎃일을 말했다고 생각하오?", "처녀 다리 사이에 눕는 건 좋은 생각이지" 같은 성희롱도 서슴지 않는다. 오필리어가 숙녀다운 태도를 잃지 않고 햄릿과 대화를 나누는 것은 이 같은 성희롱을 견디며 연극을 보는 장면까지다. 오필리어는 연극이 끝나고 아버지가 햄릿의 손에 살해당하자 충격을 받아 미쳐버리고 만다. 오필리어의 충격은 사촌오빠 티볼트를 죽인 범인이 사랑하는 남편 로미오임을 알게 된 줄리엣의 그것과 비견될 만하다. 하지만 이를 의연하게 견뎌낸 줄리엣과 달리 오필리어는 그만 정신을 놓아버린다(이 같은 연약함은 귀족 여성들의 미덕이자 소양이기도 했다).

벨칸토 오페라에 반드시 등장하는 '광란의 장면' 혹은 '매드신(Mad Scene)'으로 불리는 전형적인 장면이 있다. 사랑의 열정에 모든 것을 내던진 주인공이 광기에 사로잡혀 화려한 기교의 아리아를 부르고 죽음을 맞는 장면으로, 이러한 장면을 따로 부르는 용어가 생길 정도로 '미친 여자'는 벨칸토 오페라의 중요한 캐릭터였다. 공연의 역사에서 이 유행은 19세기나 되어야 시작되었지만 셰익스피어는 그보다 두 세기나 앞서 오필리어를 통해 '미친 여자'의 원형을 창조했다.

버드나무 한 그루가 개울에 경사져 자라는 곳,

버드나무는 유리 같은 개울 표면에 백발 나뭇잎을 비추고.

그곳에서 그녀는 환상적인 화환을 만들었단다,
야생꽃들, 쐐기풀, 데이지, 그리고 어린 자줏빛 난초로,
이 난초를 방종한 목동들은 좀 숭한 이름으로 부르지만,
우리나라 정결한 처녀들은 죽은 사람의 손가락이라 하지.
거기 기울어진 나뭇가지 위에 잡초 화환을 걸어주려 오르는데,
못된 가지가 부러졌고,
그때 잡초 묶음과 그녀 자신이 떨어졌단다, 울음 우는 개울 속으로 그녀의 옷이 넓게 펴졌다,
그리고 인어처럼 얼마 동안 개울이 그녀를 실어 날랐다,
그러는 동안 그녀는 옛날 가락 몇 마디를 읊조렸단다,
그녀 자신의 고통을 이해하지 못하는 것처럼,
아니면 물속에서 사는 게 마땅한 피조물처럼. 하지만 오래갈 수는 없었지,
마침내 그녀 의상이 물을 먹고 무거워져
그 불쌍한 아이를 끌어내렸단다, 감미로운 노래로부터
진흙탕 죽음 속으로.

희곡에서 오필리어의 죽음은 거트루드의 대사를 통해 전해진다. 비통함에 잠긴 거트루드의 이 시적인 대사는 라파엘

전파 화가들이 사랑한 오필리어의 죽음 장면의 모티브가 되었다.

> 사랑스러운 이에게 사랑스러운 것들을. 안녕.
> 네가 햄릿의 신부가 되기를 나는 바랐단다.
> 네 신혼 침대를 내가 꾸미리라 생각했지, 사랑스러운 처녀야,
> 그런데 이렇게 네 무덤에 뿌리는구나.

거트루드는 오필리어의 무덤에 꽃을 뿌리며 애도한다. 오필리어는 햄릿에게 사랑을 보답받지 못한 채 결혼하지 않은 처녀의 몸으로 죽음으로써 예술계가 사백 년이 넘는 오랜 세월 동안 사랑하는 불멸의 존재가 된 것이다. 이러한 오필리어의 모티브는 240년이 지나 낭만 발레 〈지젤〉에서 더욱 이상화된 아름다움으로 재현된다.

죽어서도 당신을 사랑해요

지젤 _ 테오필 고티에 作
〈지젤〉 등장인물

엄마 코트 좀 털어줘요
시내로 들어가봐야 해요

어디 가려는 거냐, 얘야?

그분 만나러 가요

그분이라니, 누구냐 얘야?
돌아서렴, 뒤 좀 털어야겠다

아주 멋진 청년이에요, 엄마
제 마음은 그분 거예요

- 랭스턴 휴즈, '어머니와 딸' 중 어머니와 딸의 대화

엄마 코트 좀 털어줘요
시내로 들어가봐야 해요

　　어디 가려는 거냐, 얘야?

그분 만나러 가요

　　그분이라니, 누구냐 얘야?
　　돌아서렴, 뒤 좀 털어야겠다

아주 멋진 청년이에요, 엄마
제 마음은 그분 거예요

애야, 옛날엔 말이다
그 소매끝 먼지 좀 털어야겠구나
네 아빠도, 그래 네 아빠도 멋진 청년이었단다
나도 그 비슷하게 느꼈었지

그러나 그건 옛날 이야기
네 아빠는 제 갈 길을 가버렸단다
그토록 씩씩한 청년이었던 네 아빠
오늘은 비참하게 썩고 있다니

엄마, 아빠는 아직까지 청년일 수는 없잖아요

네 아빠는 한때 젊었었지
그가 젊었던 것은 그때
돌아서려무나 애야
등어리 쪽을 털어야겠다, 자

랭스턴 휴즈의 시 '어머니와 딸'은 마치 지젤과 어머니가 나누는 대화를 시로 옮긴 것 같다. 이제 막 사랑을 시작한 딸은 데이트 약속이라도 있는 듯 외출 준비를 서두르고, 어머니는 그런 딸에게서 자신의 젊은 날을 발견하고 회한에 잠긴다. 어머니는 한때 딸이 마음을 빼앗긴 '그분'처럼 멋진 청년이었던 '네 아빠'의 이야기를 슬쩍 얹어보지만 들떠 있는 딸의 귀에는 들리지 않는다. 딸에게는 사랑하는 '그분'이 언젠가는 아버지처럼 '비참하게 썩고' 있는 신세가 되리라는 것도, 아버지가 한때는 젊은 어머니의 마음을 설레게 하는 멋진 '청년'이었다는 것도 영 피부에 와 닿지 않을 것이다. 딸에게 존재하는 것은 오직 사랑에 빠진 현재뿐이다.

독일의 한 지방에는 사랑에 배신당하고 억울하게 죽음을 맞이한 젊은 여성들의 원혼이 '윌리'로 불리는 귀신이 되어 밤이 되면 무덤에서 나와 춤을 춘다는 이야기가 전해진다. 프랑스의 낭만주의 시인이자 비평가인 테오필 고티에는 하이네의 민담집《독일 이야기》에 수록된 이 이야기에서 모티브를 얻어 발레 〈지젤〉의 대본을 썼다.

줄거리는 매우 단순하다. 순진한 시골 소녀가 평민으로

신분을 속이고 나타난 귀족 도련님과 사랑에 빠졌다. 심장병이 있던 소녀는 뒤늦게 연인의 정체를 알고 나서 충격을 받고 죽음에 이른다. 귀족은 비탄에 잠겨 숲속에 있는 소녀의 무덤을 방문하고, 윌리가 된 소녀는 연인의 목숨을 취하려는 동료 윌리들과 맞서 그를 구하고 떠나간다. 현대의 눈으로 바라보면 미련한 사랑 때문에 제 목숨 놓아버린, 신파의 극을 달리는 이야기다.

그러나 이 미련한 사랑 이야기는 1841년 파리오페라극장에서 당대 최고의 발레리나 중 한 명이었던 카를로타 그리지가 주역을 맡아 초연된 이후 오늘날까지 180년 넘게 살아남아 전 세계 곳곳에서 공연되는 발레계 스테디셀러가 되었다. 주인공 지젤은 발레 역사상 발레리나들이 가장 선망하는 캐릭터이기도 하다.

마음속에 싹튼 사랑은 막을 수 없다

시골 소녀 지젤은 홀어머니 슬하에서 세상 물정도 잘 모르고 남을 의심할 줄도 모르는 순수한 영혼으로 자라난다. 남편도 없이 혼자 키운 딸이 심장이 약한 것이 늘 걱정인 어머니는 불면 날까 쥐면 꺼질까 노심초사하며 딸을 지켜본다. 그러나 친구들과 어울려 춤을 추는 것을 좋아하는 지젤에게는 어머니의 걱정이 성가시기만 하다.

그런 지젤 앞에 로이스라는 사냥꾼이 나타난다. 신분도 이름도 다 거짓말투성이인 이 남자는 실레지아 가문의 젊은 백작 알브레히트다. 비록 이름도 신분도 거짓으로 꾸며내긴 했지만 보는 것이라곤 흙이 묻은 바지에다 세수도 제대로 하지 않았기 십상인 마을 청년들이 전부였던 지젤에게 알브레히트가 미처 다 버리지 못했을 귀족의 정돈된 말투나 몸짓 같은 것들은 확연히 다르게 느껴졌을 것이다.

아직 남자도 사랑도 모르는 지젤이지만 알브레히트를 보고 사랑에 빠지지 않는 것도, 사랑하는 마음을 감추고 새침한 얼굴로 내숭을 떠는 것도 불가능한 일이었을 것이다. 알브레히트가 사냥꾼이 아니라 푸줏간 주인의 앞치마를 두르고 나타났다 해도 평생 일이라곤 해본 적 없는 그의 고운 손이나 멀끔한 얼굴은 가려지지 않았을 테니까.

귀족이라는 신분을 도구로 사용했다면 어머니와 단둘이 살고 있는 시골 소녀 하나쯤 취하는 것이 어려운 일도 아니었을 텐데, 알브레히트는 굳이 평민으로 가장해서 지젤에게 접근하는 수고로운 길을 택한다. 지젤이 자신의 신분 앞에 고개를 조아리는 것이 아니라 지젤이 여자로서 자신과 눈을 마주치고 사랑해주기를 원해서였는지도 모른다.

하지만 난생처음 경험하는 사랑이 설레면서도 불안한 지젤은 데이지 꽃점으로 사랑을 확인하려고 하고, 꽃점의 결과가 '사랑하지 않는다'라고 나오자 낙심하며 어깨를 떨군다. 그러자 알브레히트는 남아 있는 데이지 꽃잎 중 하나를 지젤 몰래 떼어내고 방금 전엔 잘못 본 거라며, 꽃점의 결과는 '사랑하지 않는다'가 아니라 '사랑한다'가 맞다며 위로한다. 시골 소녀와 귀족 도련님의 사랑 놀음은 그토록 진지하고 순진하다.

게다가 때는 바야흐로 포도 수확의 계절, 힘든 농사가 끝나고 일 년 중 가장 즐겁고 여유로운 시기다. 술이 있고, 춤판이 벌어지고, 당연히 마을 젊은이들의 가슴도 들뜬다. 작품 안에서는 마을의 처녀 총각들이 너나없이 어울려 유쾌하게 춤을 추는 것으로 표현되지만, 작품의 배경이 되는 실제 독일 마을의 분위기는 이보다 더 왁자지껄하고 에로틱한 활기로 넘쳐났을 것이다.

축제에서 손을 잡고 춤을 추는 동안, 젊은이들은 자석에 이끌리듯 서로에게 다가가 마음을 고백하고, 몸을 밀착시키고, 밤을 함께 보냈을 것이다. '역사는 밤에 이루어진다'라는 관용구는 대체로 젊은이들의 성적 일탈을 점잖게 표현하고자 동원되기 마련이니까. 그러니 사랑하기 좋은 계절, 아니 사랑에 빠지도록 멍석이라도 깔아놓은 듯한 풍요로운 가을날, 지젤의 어머니가 아무리 매의 눈으로 딸을 감시해도 딸의 마음속에 싹튼 사랑까지 막을 순 없었을 것이다.

한 남자를 사이에 둔 두 여자의 동상이몽

지젤의 마을에서 수확제가 열리는 동안, 때마침 사냥을 마친 귀족들이 마을을 방문한다. 귀족 일행 중에는 알브레히트의 약혼녀 바틸드도 있다. 운명이란 참으로 공교로운 법이라서, 사냥으로 지친 귀족들은 하필이면 지젤의 집에서 쉬어가기를 청하고, 또 하필이면 바틸드는 지젤을 마음에 들어 하며 자신이 걸고 있던 목걸이까지 선물해준다. 한 남자를 사이에 두고 연적관계가 된 두 여자가 서로의 존재도 모른 채 만나게 된 것이다. 한 여자는 곧 그 남자와 결혼해 백작 부인이 될 것이고, 이제 막 사랑에 빠진 또 다른 여자는 그와의 결혼을 꿈꾸고 있다.

연인이 있느냐고 묻는 바틸드 앞에서 지젤은 수줍게 고개를 끄덕이고, 바틸드는 나도 결혼을 약속한 사람이 있다며 약혼반지를 보여준다. 실은 같은 사람을 사랑하고 있는 두 여자의 마음은 낯선 이에게 제 연인의 존재를 자랑하는 동안 다시금 부풀어 오르고, 둘은 모르는 사정을 다 알면서 지켜보는 관객들의 마음은 긴장감으로 쪼그라든다.

지젤은 값비싼 목걸이를 선물해주신 마음씨 고운 귀족 아가씨에게 연인을 소개해주려고 하지만 조금 전까지 마을 청년들 사이에 있던 알브레히트는 보이지 않는다. 알브레히트가 다시 나타난 것은 귀족들이 지젤의 집 안으로 쉬러 들어간 다음이다. 지젤은 쪼르르 달려가 바틸드에게서 받은 목걸이를 자랑하고, 바틸드의 목걸이를 알아본 알브레히트는 표정이 어두워진다.

하지만 알브레히트를 조여오는 것은 마을에 발을 들인 바틸드 일행만이 아니다. 지젤의 마을 친구인 농부 힐라리온이 알브레히트의 정체를 의심해 그의 뒤를 캐기 시작한다. 지젤에게 힐라리온은 어린 시절부터 함께해 온 친구 그 이상도 이하도 아니었던 반면 지젤에 대한 힐라리온의 감정은 이미 친구 이상이 된 지 오래였다. 그리고 자신이 누군가의 짝사랑 대상임을 알아차리는 눈치가 없는 것은 로맨스 여주인공의 반드시 장착해야 하는 특징 같은 것이기에 이러한 두 사람 간 감정의 온도차가 비극으로 치닫는 것도 어쩌면 당연한 일이다. 그러니 지젤이 힐라리온의 마음은 아랑곳 않는 무정한 사랑에 빠져 있는 동안 지젤에 대한 애정으로 충만한 채 고백할 기회만을 노리고 있던 힐라리온에게는 갑자기 지젤 옆에 등장한 알브레히트가 수상해 보일 수밖에 없다.

혹자들은 알브레히트가 신분을 속이고 지젤 앞에 나타났을 때부터 비극은 예정되어 있었다고 말할지도 모른다. 하지만 지젤에게 전달되지 않은 채 힐라리온의 마음속에서만 부피를 키워간 일방향의 감정이 중요한 도화선 역할을 했다는 점에서 흔히 구원과 용서의 이야기로 불리는 〈지젤〉은 질투와 살인의 이야기로도 볼 수 있다. 힐라리온에 대해서도 지젤의 마음을 얻지 못한 사랑의 패배자라는 연민 어린 관점이 우세하지만 그 역시 '친절하게 웃어주면 결혼까지 생각하는 남자들'(오마이뉴스 박정훈 기자의 책 제목) 중 하나였음을 떠올린다면 가슴을 데우던 연민도 차갑게 식고 만다.

알브레히트를 수상쩍게 여기던 힐라리온은 그가 헛간에

숨겨놓은 장검, 알브레히트가 사냥꾼 로이스가 아니라 알브레히트 백작이라는 증거가 되는 장검을 찾아낸다. 게다가 귀족들이 지젤의 집 안으로 들어가며 무슨 일이 생기면 신호를 보내라고 문에다 걸어놓은 나팔과 비교해보니 심지어 똑같은 문장이 새겨져 있는 게 아닌가!

바틸드와 맞닥뜨리게 될 가능성만으로도 머리가 아픈 알브레히트는 난처해하며 자리를 떠나려 하고, 지젤은 그의 당황스러운 기색이 의아하기만 하다. 여기에 힐라리온이 두 사람 사이에 끼어들며 알브레히트에게 비아냥이 섞인 큰 절을 한다. 아직 사태 파악을 하지 못해 어리둥절해하는 두 사람 앞에 힐라리온이 꺼내 보이는 것은 바로 헛간에서 찾아낸 알브레히트의 장검이다. 힐라리온은 지젤 앞에서 알브레히트의 정체를 폭로하고, 나팔을 불어 휴식을 취하고 있던 귀족들을 밖으로 나오게 한다. 바야흐로 치정극의 하이라이트인 삼자대면이 임박한 것이다.

바틸드는 사냥꾼 복색의 알브레히트를 발견하고 어떻게 된 일인지 묻는다. 알브레히트는 사냥하러 갔었다고 둘러대며 태연한 척 바틸드의 손에 키스하는데, 이 장면을 좀 떨어져서 지켜보고 있던 지젤은 그제서야 알브레히트에게 속은 것을 깨닫고 달려와 둘을 갈라놓는다. 그리고 알브레히트에게 따져 묻는다. '말해봐요, 정말 귀족이었어요? 날 속인 거예요? 그래요?'

파트리스 바르의 섬세한 세공이 더해진 파리오페라발레단 버전의 이 장면은 마치 모차르트 오페라의 한 장면을 보는 것 같다. 이 장면에서 지젤은 '내가 아까 보여주려던 그 사람이 바로 이 사람이에요'하며 바틸드를 쳐다보고, 바틸드도 지지 않고 '무슨 소리, 이 사람은 내 약혼자인걸'하고 맞받아친다. 난처한 상황에 처한 알브레히트의 연기의 질감은 무용수마다 다른데, 이 장면에서 알브레히트의 마임은 극의 표정을 더욱 풍부하게 만들어준다. 바틸드에게 사냥하러 갔다왔다고 능청을 떨거나 바틸드가 자신과의 관계를 말하려고 하자 손가락을 입술에 가져다대며 비밀로 해달라는 연기를 집어넣는 등의. 이는 결과적으로 극적인 상황에 놓인 인물들이 저마다 선명한 캐릭터로 위치할 수 있도록 극에 입체감을 부여한다.

사랑의 희망이 사라진 삶은 죽음

알브레히트에게 속았다는 것을 알게 된 지젤이 충격을 받아 미쳐버리는 일명 '매드신'은 발레리나에게 연기력의 시험무대로 평가되는 중요한 장면이다(앞 장에서 벨칸토 오페라의 매드신을 언급한 바 있지만 오늘날에는 벨칸토 오페라의 여러 작품들보다 단일 작품인 〈지젤〉의 공연 빈도가 훨씬 높다 보니 〈지젤〉이 매드신의 대표작품으로 각인되고 있다).

미쳤다기보다 영혼이 서서히 육체를 빠져나가는 것으로 보이는 이 장면에서, 지젤은 애써 이 현실에 눈감고 알브레히트가 사랑을 맹세하던 순간의 기억, 데이지꽃으로 사랑을 점치던 행복한 기억을 떠올리며 실낱같은 희망을 가져보려 하지만, 꽃점의 결과가 '사랑하지 않는다'였던 것도 함께 기억해내고 만다.

집에 들어가라고 재촉하는 어머니 앞에서, 어머니가 보고 있는 것 따위는 개의치 않고 연인에게 손키스를 보내며 제 마음 부풀게 하는 사랑을 확인하고 나서야 집으로 돌아가는, 고삐 풀린 망아지처럼 발랄하고 되바라진 열여섯 살 지젤에게 사랑은 삶의 전부였다. 난생처음 찾아온 사랑에 모든 걸 걸었고, 어느덧 사랑 그 자체가 되어버린 지젤, 사랑이 아니면 아무것도 아닌 지젤에게, 사랑의 희망이 사라진 삶은 곧 죽음이나 마찬가지다.

트레이시 슈발리에가 쓴《진주 귀고리 소녀》의 그리트는 스승이자 주인인 베르메르에게 쏠리는 마음을 다잡고 가난한 푸줏간 청년 피터와 결혼한다. 아마 작품이 초연된 18세기에 살았던 현실의 지젤이라면 알브레히트를 단념하고 힐라리온과 결혼했을 것이다. 현실적으로 귀족의 저택에서 하녀로 일하거나 농사를 지어야 하는 노동을 감당할 만큼의 건강한 몸을 갖지 못한 지젤의 짝으로 힐라리온만 한 청년은 다시 없었을 테니까. 아니면 알브레히트와의 신분차라는 현실에 굴복하여 그의 정부로 사는 길을 택했을지도 모른다.

노동의 고단함도, 생활의 곤고함도 익히 알고 있었던 그리트는 베르메르를 단념하고 현실로 돌아갔지만, 지젤에게는 사랑도 현실도 오직 알브레히트 한 사람뿐이었다. 비극은 필연적이다.

제정신으로 서 있을 수조차 없는 충격으로 마음이 갈기갈기 찢어진 지젤은 마을 사람들의 무리를 헤치고 실성한 듯이 폭주하다 마침내 쓰러져 눈을 감고 만다. '널 망가뜨리려고 폭로한 게 아니야'라는 듯 자신의 머리를 쥐어뜯으며 괴로워하는 힐라리온이나, '네가 이렇게까지 충격받을 줄은 몰랐어'라는 듯, 결과적으로 지젤에게는 상처가 되고 만 자신의 기만적인 사랑에 대한 회한과 비탄에 휩싸인 알브레히트 모두 지젤을 죽음으로 몰아넣었다는 책임에서 벗어날 수 없다. 2막에서 두 남자가 윌리들에게 응징의 대상이 되는 이유다.

사랑은 진실보다 중요하다

기실 〈지젤〉이라는 작품에 따라붙는 '낭만 발레의 최고봉'이라는 수사는 〈지젤〉의 스토리텔링이 그만큼 허약하다는 반증이기도 한데, 원한에 사무친 윌리들이 희생자를 골라 처단하는 냉혹한 복수극이 펼쳐지는 2막은 사실상 모든 스토리가 종결된 1막에 대한 긴 에필로그나 다름없다. 그래서 2막의 길이는 1막과 엇비슷할 정도로 길지만 다뤄지는 내용이라곤 밤이 되어 잠에서 깨어난 윌리들이 숲속에 나타난 두 남자를 잡아들여 한 명은 목숨을 취하는 데 성공하고 또 다른 한 명은 한 윌리의 지고지순한 사랑으로 목숨을 구원받는다는 게 전부다.

1막에서 존재감은 그리 크지 않지만 갈등을 일으키고 증폭시키는 데 힐라리온과 바틸드가 중요한 역할을 하고 있다면 2막은 미르타에게로 갈등의 축이 옮겨진다. 윌리들의 여왕인 미르타는 이제 막 처녀귀신들의 세계에 들어온 '신입' 윌리 지젤과 대립하며 알브레히트의 목숨을 두고 첨예한 갈등을 펼친다.

미르타의 긴 솔로 무대로 시작되는 2막의 무대는 밝고 화사했던 1막과는 달리 죽음처럼 어두운 푸른빛 일색이다. 〈지젤〉, 〈백조의 호수〉, 〈라 바야데르〉는 흰색 튀튀로 의상을 통일한 무용수들의 군무를 볼 수 있어 '발레블랑(ballet blanc, 백색 발레)' 3부작으로 묶이곤 하는데, 이 가운데 주인공이 아닌 캐릭터가 군무의 리더 역할을 수행한다는 점에서 〈지젤〉의 미르타는 매우 이채로운 캐릭터다.

2막이 열리면 무대는 지젤이 잠든 숲속 무덤가로 바뀌어 있다. 이제 지젤은 밤새 춤추며 숲을 지나는 젊은 남자의 영혼을 거두는 존재, 윌리로 거듭나게 된 것이다. 살아 있을 적에는 젊은 남자들에게 구애의 대상이었을 윌리들은 이제 초월적인 힘으로 밤의 숲을 지배하는, 젊은 남자들에게는 공포와 두려움을 주는 대상일 뿐이다. 어두워지면 숲에 가선 안

된다는 불문율을 깨트리고 지젤을 추모하러 숲속으로 들어온 두 남자, 힐라리온과 알브레히트는 젊은 남자의 피에 주려 있는 윌리들에게 더할 나위 없이 반가운 먹잇감이다.

첫 번째 희생양이 된 것은 힐라리온. 춤을 추다 지쳐 쓰러진 힐라리온이 윌리들에게 끌려갈 때는 못 본 척하던 지젤이, 다음 차례가 알브레히트인 걸 알고 나자 득달 같이 달려와 그의 앞을 막아선다. 이 사람의 목숨만은 가져가지 말아달라며 미르타 여왕에게 간청하는 지젤에게는 죽기 전의 사랑이 그대로 남아 있다. 억울하게 목숨을 잃고 처녀귀신으로 영원히 숲을 맴돌아야 하는 운명이 되었는데도 지젤은 알브레히트를 원망하기는커녕 밤새 춤추며 그를 보호하기 위해 애쓴다.

자신이 알고 싶지 않던 진실(알브레히트의 정체)을 알려준 힐라리온은 용서할 수 없지만 알브레히트의 마음을 귀족 도련님의 한때의 유희가 아니라 진실된 사랑이라 믿고 싶은 안간힘이다. 죽음 이후에도 끝나지 않고 질기게 이어지는 지독한 사랑, 몸은 죽었지만 알브레히트를 향한 사랑은 집요하게 남아, 지젤은 감히 미르타 여왕의 위엄에 도전해 그를 살릴 수 있다면 대신 춤을 추다 죽으리라는 결기로 밤새 알브레히트 주위를 맴돈다.

〈백조의 호수〉가 발레리나에게 오데트와 오딜의 1인 2역에 도전해야 하는 어려운 과제를 부여한다면, 〈지젤〉은 1막의 사랑밖에 모르는 순수한 소녀와 2막의 자신을 죽게 한 연인의 구원자가 되는 고결한 영혼을 표현해야 하는, 어찌 보면 1인 2역 이상의 어려운 연기력을 요구한다. 과연 2막의 윌리가 된 지젤은 거추장스럽던 육신을 벗어버리고 나자 더 이상 감정 때문에 다치거나 슬퍼할 이유가 없는 다른 경지의 존재감을 보여준다. 슬픔 속에 있지만 그 슬픔에 좌지우지되지 않는 (1막의 지젤이 충격과 슬픔으로 목숨줄을 놓아버린 것과는 반대로) 깊고 강한 내면을 갖게 된 존재, 그래서 생과 사는 이제 초월한 채 죽어서도 영원히 사는 존재가 된 것이다.

죽은 뒤에야 비로소 시작된 사랑

마침내 새벽을 알리는 종이 울리고, 윌리들은 알브레히트를 살려두고 떠나야 하는 것을 아쉬워하며 하나둘씩 무대 뒤로 퇴장한다. 그리고 지젤 또한, '당신을 살린 것으로 난 충분해요. 더 이상 바랄 게 없어요'하는 듯 안도감에 찬 미소를 보이며 떠나간다. 연인의 목숨을 구원함으로써 자신의 사랑을 완성한 지젤은 이제야말로 홀가분하게 떠날 수 있다.

'윌리' 지젤을 붙들고 조금만 더, 조금만 더, 하며 사랑을 떠나보내는 애통함으로 흐느끼는 것은 '인간' 알브레히트의 몫이다. 평생 손끝에 물방울 하나 튀길 일 없이, 제 손으로 단추 한 번 잠가본 일 없었을 알브레히트의 삶, 그 삶은 큰소리 날 일 없이 교양 넘치고 우아한 것이지만 밋밋하고 나른하여 하품이 끊일 날 없는 것이기도 했을 것이다. 그런 알브레히트에게 제 감정 감출 줄 모르는, 날것 그대로인 지젤의 사랑은 태어나 처음 경험하는 감정이었으리라. 그래서 어쩌면, 알브레히트의 감정은 지젤이 죽기 전까지는 그저 유희에 지나지 않았는지도 모른다.

이 여자 저 여자 만나본 노회한 바람둥이 귀족 도련님이 순진한 평민 처녀를 농락한 것이 아니라, 지젤이 죽기 전까지 알브레히트의 사랑은 아직 시작도 되지 않은 것이다. 그리고 세상 무엇 하나 제 마음대로 되지 않는 게 없던 귀족 도련님 알브레히트는 지젤의 죽음을 목도하고서야 삶의 무거움을, 사랑의 엄중함을 알기 시작했을 것이다. 이처럼 아이를 어른으로 만드는 놀라운 연금술은 지젤이 살아서 알브레히트를 사랑할 때가 아니라 사랑에 배신당한 지젤이 죽은 다음에야 완성되었다. 지젤의 삶은 단지 알브레히트에게 진정한 사랑을 깨우쳐주기 위해 존재했던 것일까.

이 질문에 답을 줄 수 있는 극작가 고티에는 이미 흙으로 돌아가 차게 식은 지 오래이며, 오늘도 무대 위의 지젤들은 사랑을 완성하기 위해 반복해서 죽고 있다.

아름다움으로는 사랑을 지킬 수 없다

마농 _ 아베 프레보 作,
《마농 레스코》 등장인물

그때까지 이성에게 마음을 빼앗겨본 적도 없고
젊은 여성들을 보더라도 동요하는 일 없이
모든 사람들로부터 점잖고 신중하다고
칭찬을 받아 오던 제가 그녀를 보는 순간
마음속에서 사랑의 불꽃이 일어나
저 자신을 잃어버리고 말았습니다.

-《마농 레스코》 중 데 그리외의 대사

아름다운 여자는 남자를 위험에 빠트린다

비극으로 끝나는 모든 연애담에서 파국의 원인은 대개 여자 주인공의 아름다움에 있다. 뭇 남성들의 가슴을 흔드는 주인공의 아름다움에 비해 그의 사랑은 너무도 연약하고 경쟁자들을 극복해야 하는 남자 주인공의 마음은 경솔하거나 변덕스러워 사랑을 지키지 못한다.

아베 프레보, 본명은 앙투안 프랑수아 프레보인 작가의 장편 연애소설 《마농 레스코》는 아름다움 때문에 파멸에 이르는 여자 주인공의 이야기인 동시에 자신의 나약한 사랑을 한탄하는 남자 주인공의 독백이기도 하다.

18세기 전반은 절대 왕권이 붕괴하며 엄숙주의에도 금이 가기 시작하던 시기였다. 권력은 쇠퇴하고 풍속은 타락했다. 쾌락과 사치를 추구하는 퇴폐적인 분위기가 만연해 있던 시대에 쾌락에 대한 이와 같은 지극한 예찬은 당대인들의 가슴을 뒤흔들었다. 그뿐 아니라 인간은 이성만으로 움직이는 것이 아니며 감정에 크게 좌우되는 존재라는 것, 그리하여 인간의 감정을 드러내는 것에 대한 관심이 높아지면서 소설이라는 장르 역시 크게 각광을 받았다.

이 작품은 1731년 7권짜리 연작 장편소설로 출간된 《어느 귀족의 회상록》의 일부로, 작가의 자전적 연애담이 반영되어 있다. 액자식 구성으로 극의 짜임새와 사실성을 높인 《마농 레스코》는 근대소설의 효시로도 꼽히는데, 작품은 전 유럽에 엄청난 반향을 일으키며 낭만주의 문학을 예고하는 신호탄이 되었다. 그중 7권에 해당하는 《기사 데 그리외와 마농 레스코 이야기》는 초판의 인기에 힘입어 1753년 단행본으로 간행되었다.

뒷날 샤토브리앙이나 조르주 상드 등의 작가는 이 치밀한 연애심리극에 매료되었고, 뒤마 피스나 프로스페르 메리메는 연인을 잃고 홀로 살아남은 남자 주인공이 화자에게 자신의 사랑이야기를 털어놓는 프레보식 구조를 모방한 연애소설을 썼다. 특히 실패한 자전적 연애담을 아름답고 비극적인 사랑이야기로 승화시킨 뒤마 피스의 《춘희》에는 프레보의 자취가 짙게 배어 있다.

아베 프레보, 본명은 앙투안 프랑수아 프레보는 프랑스 북부지방 알르와의 유서 깊은 귀족 가문에서 태어났다. '아베'는 성직자를 이르는 말로, 프레보는 젊은 날 성직자가 되기 위해 제수이트파의 학원에서 수행하였고(중간에 세속에 나와 직업군인의 길을 걷기도 하지만) 베네딕트 교단에서 교법사로 이름을 떨친다.

그가 소설을 쓰기 시작한 것이 입대, 탈영, 연애, 비밀결혼, 추방, 투옥 등 모험에 가까운 파란만장한 사건들로 얼룩진 무질서한 생활을 정리하고 종교에 귀의한 다음이라는 것은 매우 아이러니하다. 《마농 레스코》는 비록 비극에 이르기는 하지만 인간에게 가장 큰 환희를 선사하는 사랑의 쾌락을 찬미하는 연애지상주의의 극단에 위치해 있다. 프레보는 화자의 입을 빌어 이렇게 말한다.

인간이 본디 쾌락 속에서 지극한 행복을 찾도록 만들어졌다는 것은 확실하네. 나는 그것을 달리 생각하는 사람들과 결투를 하고 싶을 정도로 확신하고 있다네. 모든 쾌락 중에서 가장 감미로운 것은 사랑의 쾌락임을 마음이 깨닫게 하기 위해선 오래 생각할 필요도 없지. 마음은 단번에 알아차리게 될걸세. 사람들이 모든 쾌락 중에서 가장 매혹적인 것이 다른 곳에 있다고 장담하면서 사실은 거짓말을 하고 있다는 걸 말이지.

사랑은 나 자신을 잃어버리게 해

이야기의 시작은 화자와 두 주인공의 만남이다. 루앙에서 돌아오는 길인 화자는 저녁을 먹기 위해 한 식당에 들른다. 어수선한 분위기의 마을에 마차 두 대가 도착하는데, 마차에는 부정한 행실로 미국으로 추방되는 여성들이 타고 있다. 죄수복 차림으로도 유독 돋보이는 미모를 가진 여성을 보고 호기심이 생긴 화자는 지나가는 사람에게 어찌된 사연인지를 물어보지만 그에 대해 제대로 알고 있는 사람은 아무도 없다. 여성의 오빠인지 연인인지 모를 청년에게 물어보라는 성의 없는 대답만이 돌아온다. 아직 앳된 티가 가시지 않은 얼굴의 청년 역시 여성과 자신이 사랑하는 사이라고만 말할 뿐 구체적인 사연에 대해선 말을 아낀다.

2년 뒤, 영국으로 가기 위해 칼레에 들른 화자는 그 사연 많은 청년과 우연히 재회하게 된다. 미국에서 돌아오는 길이라는 청년은 회한에 잠겨 자신의 지난 사랑에 대해 털어놓기 시작한다.

> 홀로 정원에서 서성이고 있는 그녀의 모습이 얼마나 아름다웠는지요. 그때까지 이성에게 마음을 빼앗겨본 적도 없고 젊은 여성들을 보더라도 동요하는 일 없이 모든 사람들로부터 점잖고 신중하다고 칭찬을 받아 오던 제가 그녀를 보는 순간 마음속에서 사랑의 불꽃이 일어나 저 자신을 잃어버리고 말았습니다.

아버지로부터 기사가 될 것으로 기대를 한몸에 받고 있는 데 그리외는 위의 말과 같이 아미앵의 학교에서 장래가 촉망되는 모범생이었다. 열일곱 살까지는. 고등학교를 마치고 고향으로 돌아가는 길이던 데 그리외는 아름다운 마농을 우연히 만나 첫눈에 반하고 만다. 속마음을 감출 줄 모르는 명랑하고 쾌활한 성격의 마농은 부모에 의해 수녀원에 딸린 기숙학교에 보내지는 길이었다.

좋은 혼처가 정해져 시집을 보낼 때까지 딸이 엄격한 규율을 따르는 생활을 하며 조신한 몸가짐을 익히도록 하거나 반대로 신세를 망치고 가문의 명예를 훼손한 딸을 눈앞에서 치워버릴 목적으로 선택되는 행선지다. 아직 나이가 어린 마농은 전자 쪽의 목적으로 수녀원에 보내지는 중이었지만 내숭을 모르고 욕망에 솔직한 그의 성격으로 미루어 볼 때 몇 년 뒤 후자의 목적으로 수녀원에 보내지는 선택지도 충분히 가능하다. 게다가 모든 예술 작품에 등장하는 여자 주인공의 운명이 그러하듯 빼어난 미모는 거의 반드시 불행의 원인이 되기에, 마농은 비극에 이르는 모든 조건을 갖춘 채로 작품에 처음 등장한 셈이었다.

아름답고 조숙한 열다섯 살 소녀에게는 사실상의 신부수업이 될 몇 년의 유예기간조차 허락되지 않는다. 아직 자신의 미모가 뒷날 결혼시장에서 얼마나 파괴력 있는 자산이 될지 따져볼 수 있을 만큼 영악해지지 못한 소녀 앞에 사랑이 먼저 도착한다. 서로에게 반한 로미오와 줄리엣이 자신들의 사랑을 부동의 것으로 만들기 위해 만난 지 이틀 만에 결혼식을 올리는 것보다 더 성급하게, 마농과 데 그리외는 만나자마자 마농은 기숙학교에 들어가는 길을, 데 그리외는 집으로 돌아가는 길을 돌려 파리로 사랑의 도피행을 감행한다.

사랑과 삶 모두를 지키는 방법

그저 함께 있고 싶고 서로를 안고 만지고 싶은, 어린아이처럼 무구한 두 사람의 욕망은 어른들이 결혼을 허락할 때까지 기다릴 수 있는 인내심을 갖추지 못했다. 그들에게 교회의 축복을 받는 결혼이란 형식은 중요하지 않다. 그들이 원하는 것은 오로지 함께 있는 것뿐이다. 아직 사랑이 얼마나 무서운 것인지 모르는 십대들이기에 그들의 사랑은 무모하고, 그래서 거칠 것이 없다.

하지만 현실적인 기반이 없는 사랑이란 얼마나 허약한 것인가. 그들은 곧 경제적인 문제에 부딪친다. 사랑하는 사람과 함께 있을 수만 있다면 공기만 먹고 살아도 배가 부를 것 같던 그들의 첫 번째 좌절까지는 그리 오랜 시간이 걸리지 않았다. 세상물정 모르는 마농이었지만 현실감각은 데 그리외보다 뛰어났다. 마농은 사랑에 순정을 요구하지 않는다면 사랑과 삶 그 어느 것도 훼손하지 않을 수 있다는 사실을 본능적으로 깨닫고 있었다.

경제적인 부분은 자신에게 맡기라는 마농의 말을 전적으로 믿고 안심할 만큼, 데 그리외는 순진하고 무능하다. 그는 젊음과 아름다움밖에 가진 것 없는 여성이 어떻게 경제적인 책임을 감당할 수 있는지 알지 못했다. 이 같은 남성의 무지는 무능에만 머무르지 않고 곧 권력으로 작동하기 마련이지만 데 그리외는 아직 무능의 차원에 있다. 어느 날, 외출에서 예정보다 빨리 돌아온 데 그리외는 평소보다 문을 늦게 열어주는 마농을 보고 의심을 품는다. 다그치는 그에게 하녀는 재무대신 드 브레티니가 다녀갔다고 실토한다. 데 그리외는 마농에게 해명을 요구하지만 사랑과 유혹을 별개의 것으로 관리할 수 있다고 믿는 마농은 자신의 사랑이 한 점 부끄럼 없는 것임을 강변할 뿐이다.

사실 관계에서도 생활에서도 주도권을 쥐고 있는 마농 앞에서, 데 그리외가 할 수 있는 것은 별로 없다. 그리고 마농을 아예 잃는 것보다는 남자로서의 모멸감을 참는 것이 좀 더 견디기 쉬운 일이다. 게다가 마농의 오빠 레스코가 이들에게 얹혀 살며 살림을 거덜내기에 이르자, 두 남자를 부양하기 위해 돈이 필요해진 마농은 고위 관리인 기요 드 모르퐁텐을 후원자로 삼게 된다. 코르티잔이 된 것이다.

뒷날 뒤마가 마르그리트의 코르티잔으로서의 삶은 애써 생략하고 애달픈 비련의 러브스토리에 집중했던 것과는 달리 프레보는 마농이 모르퐁텐의 여자가 된 후의 이야기를 배신과 협잡이 난무하는 활극으로 풀어나간다. 이는 아마도 실제로 파란만장한 연애담의 주인공이기도 했던 그 자신의 경험과 무관하지 않을 것이다. 마농과 레스코, 데 그리외는 모르퐁텐의 돈을 갈취하려다 체포되고, 그 와중에 레스코는 총에 맞아 숨을 거둔다. 시작부터 무모했던 이들의 연애는 살인도 마다하지 않는 치정극이 되어버린다. 그러나 마농과 데 그리외는 도박과 사기를 삶의 수단으로 삼을지언정, 사랑을 포기하지는 않는다.

모르퐁텐의 아들까지 마농에게 반하면서 질투와 애증이라는 동력을 얻은 치정 드라마는 비극을 향해 간단없이 내달린다. 모르퐁텐에 대한 원한과 마농에게 구애해오는 모르퐁텐의 아들에 대한 증오가 겹쳐, 데 그리외는 아들을 납치해 거액을 받아내려고 하지만 일은 뜻대로 되지 않는다. 오히려 마농과 데 그리외는 두 번째로 투옥되는 신세가 된다.

당연한 일이지만 운명은 데 그리외보다 마농에게 좀 더

가혹했다. 귀족 집안의 자제인 데 그리외는 아버지의 힘을 빌려 풀려날 수 있었지만, 행실 나쁜 여자로 낙인 찍힌 마농을 기다리고 있는 것은 신대륙으로의 추방령이었다. 마농을 탈출시키는 데 실패한 데 그리외는 유배지까지 연인을 따라가기로 결심한다. 도입부에서 작중 화자가 불행한 두 연인을 처음 대면하는 순간이다.

> 내 목숨을 요구하시오. 내 목숨은 당신에게 바칠 수 있는, 내게 남은 유일한 것이라오. 왜냐하면 내 마음이 당신의 것이 아닌 적은 한 번도 없었으니까.

마농에게 바치는 데 그리외의 절절한 고백이다. 장래가 촉망되는 귀족 집안의 아들이었지만, 데 그리외가 마농에게 줄 수 있는 것은 오로지 사랑, 미련하고 우둔하고 무능하기 짝이 없는 마음 하나밖에 없었다. 마농은 그 마음을 받은 것만으로도 기꺼워하며 자신의 아름다움으로 이 사랑을 지켜내려 했지만, 현실의 무게는 아름다움에도, 사랑에도 버거운 것이었다.

그리고 가는 곳마다 마농의 아름다움은 문제를 일으킨다.

뉴올리언즈에 도착한 그들은 부부로 행세하지만, 마농에게 반한 주지사는 둘이 결혼하지 않은 관계라는 사실을 기어이 밝혀낸다. 데 그리외는 마농을 빼앗기지 않기 위해 주지사의 조카와 결투를 벌이고, 그가 피를 흘리며 쓰러지자 자신이 살인을 저질렀다고 생각하고 마농을 데리고 도망친다. 유배지에서 고난을 거듭하며 병이 깊어진 마농은 결국 사막 한가운데에서 데 그리외의 품에 안겨 눈을 감는다. 프랑스로 돌아온 데 그리외는 칼레에서 화자를 만나 자신의 사랑이야기를 털어놓는다.

오페라와 발레 무대로 간 마농

오페라와 발레는 이 격정과 일탈과 치정의 사랑이야기에 주목했다. 오페라에서는 마스네와 푸치니가, 발레에서는 맥밀런이 이 작품의 무대화에 도전했다.

마스네는 1884년 앙리 메이야크와 필립 질르가 각색한 대본을 바탕으로 작곡한 5막 오페라를 파리의 오페라 코미크 극장에서 초연했다. 푸치니는 그로부터 9년 뒤인 1893년, 자신보다 앞서 오페라를 작곡한 마스네를 의식했는지 무려 여덟 명이나 되는 대본 작가를 고용해 3년 가까이 수정에 수정을 거듭하며 만든 4막 오페라를 이탈리아 토리노 레지오 극장에서 선보였다. '기사 데 그리외와 마농 레스코 이야기'라는 원작 소설의 긴 제목을 마스네는 〈마농〉으로, 푸치니는 〈마농 레스코〉로 줄였다. 두 작곡가 모두 이 이야기가 주인공 마농의 것임을 분명히 한 것이다.

오페라 역사상 같은 원작에 바탕을 둔 두 작품이 함께 사랑받는 몹시 드문 케이스로, 마스네의 〈마농〉은 구노의 〈파우스트〉, 비제의 〈카르멘〉과 더불어 프랑스 오페라의 3대 레퍼토리로 평가받고 있으며, 푸치니는 〈마농 레스코〉를 통해 '베르디의 뒤를 이어 이탈리아를 대표할 오페라 작곡가'라는 명성을 얻었다.

두 작품 속 마농은 같은 인물이 맞나 싶을 만큼 매우 다른 성격으로 그려진다. 마스네의 마농은 육체의 아름다움을 앞세워 순진한 귀족 청년을 퇴폐와 향락의 세계로 끌어들이는 팜므 파탈에 가깝다. 마스네의 후기 대표작인 〈타이스〉에서도 수도사 아타나엘이 알렉산드리아의 무희 타이스를 구원하려다 도리어 그에게 반해 세속적인 쾌락에 빠져드는 모습을 볼 수 있는데, 이 역시 신실한 남성이 여성의 관능적인 매력에 속절없이 무너지는 과정을 그려냈다는 점에서 〈마농〉과 궤를 나란히 한다. 마스네는 평생 정신과 육체의 갈등이 빚어내는 이율배반의 드라마에 천착했다. 물론 이때 정신과 대립을 일으키는 육욕의 근원은 항상 여성에게 있다.

반면 푸치니의 마농은 그의 다른 오페라처럼 기구한 운명에 희생되는 비련의 주인공으로 묘사된다. 화려한 생활을 하면서도 의외의 순정을 간직한 인물로, 그 태도나 성격은 베르디가 빚어낸 〈라 트라비아타〉의 비올레타와 별반 다르지 않다. 푸치니는 원작에서 주인공들에게 부정적인 요소를 대부분 걷어냈다. 그러다 보니 푸치니의 오페라는 금지된 장난인 줄 모르고 손을 댔다가 비극에 휘말리는 순진한 주인공들의 드라마로 재탄생했다.

푸치니는 마스네의 오페라에서 중요한 무대 중 하나인 트란실바니아 호텔의 도박장을 없애버리는 등 악덕과 범죄가 펼쳐지는 원작의 1부를 간소하게 줄이고 마스네가 생략한 후반부 뉴올리언즈 사막의 비극에 집중했다. (마스네의 마농은 미국으로 떠나기 전 르 아브르 항구에서 죽음을 맞는다.) 덕분에 주인공들의 비극은 더욱 장엄하고 숙연한 것이 된다.

인간 내면의 죽음 본능과 광기에 깊은 관심을 두었던 발레 안무가 케네스 맥밀런은 두 주인공을 비극으로 몰아넣은 파괴적인 사랑에 주목했다. 음악을 맡은 레이턴 루카스는 마스네의 음악을 사용했지만 오페라와 비교되는 것을 꺼려 〈마농〉에서는 한 소절도 가져오지 않고 그가 작곡한 다른 음악들을 편집하여 썼다. '마농 레스코'가 아니라 '마농'으로 제목을 붙인 발레는 1974년 런던 코벤트가든에서 초연된 뒤 같은 해 뉴욕에서도 공연되어 크게 호평을 받았다.

발레의 전개는 마스네의 오페라와 거의 비슷한 얼개를 취하지만 마농의 성격은 푸치니의 오페라 주인공에 좀 더 가깝다. 마농은 부도덕하고 허영심이 강한 여성이라기보다 죄책감이 무엇인지도 잘 모르는, 그러나 갖고 싶은 것은 가져야만 직성이 풀리는 순진한 어린아이처럼 묘사된다. 원작의 많은 인물들이 축약되면서 레스코의 비중은 더 커졌는데, 모르퐁텐에게 마농을 소개하고 마농의 물욕을 부추기는 것은 모두 레스코의 역할이다.

'그랑 파 디브레스(grand pas d'ivres)'라는 이름이 따로 붙을 정도로, 레스코가 모르퐁텐의 파티에서 취기가 올라 비틀거리며 추는 특색 있는 춤이나, 마농의 침실에서 추는, 마농의 아름다운 육체를 내어줄 듯 말 듯 모르퐁텐의 애를 태우는 끈

적한 파드투르아는 레스코가 어떤 인물인지 단적으로 드러낸다. 아름다운 여동생을 이용해 부유한 후원자로부터 금전적 이익을 취하는 그는 포주와 그리 멀리 있지 않다. 전통적으로 포주 역할은 대개 기둥서방으로 불리는 남성 파트너가 수행하기 마련이지만 프레보는 이 역할을 마농의 오빠 레스코에게 줌으로써 데 그리외의 순정을 지켜주고 있다(원작이 데 그리외의 목소리로 진행된다는 점을 유념하자).

맥밀런은 사랑하는 여자가 부유한 귀족의 노리개가 되는 것을 지켜보기만 해야 하는 데 그리외의 괴로운 독무를 작품에 삽입하고 있다. 시각적으로 구현된 춤의 이미지는 강력하다. 이러한 안무를 통해 두 남성의 관계는 착취자와 피착취자의 관계로 재설정되며, 그 사이에서 마농은 아름다운 도구로서의 기능만 남는다.

3막은 모든 것을 다 잃어버리고 나서야 사랑의 가치를 깨달은 마농의 변화를 보여준다. 파리에서 마농은 데 그리외를 사랑하면서도 사치스러운 생활을 포기하지 못했지만 유형지의 마농에게 남은 것은 사랑뿐이다. 마농의 미모에 반한 간수가 그녀의 팔에 팔찌를 채워주며 자신의 여자가 될 것을 종용한다. 예전의 마농이었다면 조금이라도 운신의 편안함을 얻기 위해 간수의 제안을 받아들였을 것이나 이제는 단호하게 거절할 수 있게 되었다. 다만 마농이 모르고 있던 것은 간수가 자신을 얼마나 탐내고 있는지였다.

마농이 자기 뜻대로 움직이지 않자 간수는 격분한다. 간수가 마농을 성적으로 유린하는 장면은 그 표현 수위에 있어 '19금' 표시를 해야 할 정도로 강렬하고 폭력적이다. 발레와 전개가 유사한 마스네의 오페라가 유배지 장면에서 마농의 수난을 생략하고 곧장 그의 죽음으로 향하는 것과 비교하면 이 장면의 폭력성은 더욱 두드러진다. 이 장면은 데 그리외의 분노를 촉발시키는 매개가 되는데, 데 그리외는 간수를 칼로 찔러 살해하고 마농을 데리고 도망친다. 루이지애나의 늪지에서 그들을 기다리고 있는 것은 죽음이었다.

마농이 죽기 직전 사력을 다해 추는 데 그리외와의 2인무에는 삶의 불꽃을 마지막으로 불태우는 그의 간절함이 녹아 있다. 데 그리외가 마농에게 경제적 해결을 맡겨놓은 채 아무것도 할 수 없는 자신의 처지를 비관하며 독무를 추는 장면으로 진작에 드라마를 부여받은 것과 달리 마농의 드라마는 죽음 직전에야 펼쳐진다. 모든 것을 다 잃은 채 생명의 불꽃이 꺼져가는 그 순간에 비로소 마농은 자기 자신으로 돌아올 수 있었다. 발레는 데 그리외가 죽은 마농을 끌어안고 늪지 한가운데서 오열하는 장면을 끝으로 막이 내린다.

원작자인 프레보부터 작품을 오페라와 발레 무대로 옮겨 온 작곡가와 안무가 들, 그리고 이 작품을 재해석하며 무대에 다시 올리고 있는 현대의 창작자들에 이르기까지, 모두가 비극으로 달려가는 사랑의 파괴적인 속성에만 주목할 뿐 귀족의 후원을 받는 코르티잔이 되어서라도 데 그리외와의 사랑을 지키려 했던 마농의 심리에는 그리 관심이 없어 보인다.

이 작품이 데 그리외의 목소리로 전개된다는 것을 다시금 상기해보자. 마농의 아름다움에 취해 자기 자신을 잃어버린 뒤로 그는 마농을 뒤따라다니는 데에만 골몰해 있다. 마농이 코르티잔이 되어 생계를 위한 노력을 하는 동안 데 그리외 자신은 무얼 하고 있었을까. 우리는 혹시 기사가 될 수 있었던 건실한 미래를 마농을 위해 포기했다는 이유로 그동안 데 그리외의 무능을 잊은 채 그를 연민하는 데 진력해 온 것은 아닐까.

죽은 연인이 예술에서 되살아날 때

마르그리트 _ 알렉상드르 뒤마 피스 作,
《춘희》 등장인물

"아 그이인가?
내 흔들리는 영혼이,
내 외로운 영혼이,
그가 나 때문에 애태우는 것을 상상하게 돼버렸어.
그는 내가 아팠던 날에 수줍게 숨어서
지켜보고 있었댔어.
그는 나를 새로운 열병에 걸리게 했어.
사랑에 눈 뜨게 했지.
아 사랑은, 사랑은 우주의
가슴이 뛰는, 가슴이 뛰는 소리.
이상하게도, 이상하게도 내 마음을 차지해버렸어."

- 오페라 〈라 트라비아타〉,
비올레타의 아리아 '아 그대였던가' 중

코르티잔이라는 시대의 초상

파리의 사교계를 주름잡는 최고의 코르티잔, 나날의 생활은 화려하지만 남몰래 폐병을 앓고 있는 여자는 기실 누구와도 교감하지 못한다. 자신을 동경하고 추종하는 남자들에 둘러싸여 있지만 그의 내면은 공허하기만 하다. 누구도 자신의 외로움을 이해하지 못한다고 생각하며 냉소에 빠져 있던 그의 앞에 가난하지만 진실된, 서투르지만 순수한 청년이 나타난다. 청년의 진심에 마음을 연 그는 동거를 시작하지만 둘의 행복은 오래가지 않는다.

얼마 안 있어 청년의 아버지가 찾아와 두 사람의 관계를 끊을 것을 요구하고 여자는 그 말을 받아들여 거짓으로 연인을 배신한다. 여자의 마음을 오해한 남자는 분노하며 떠나가고, 병이 깊어진 여자는 쓸쓸하게 세상을 떠난다. 뒤늦게 모든 자초지종을 알게 된 남자가 후회막심해 달려오지만 여자는 이미 세상에 없는 사람이다. 남자는 여자가 남긴 유품을 안고 오열한다.

소설과 희곡에서는 마르그리트 고티에로, 베르디의 오페라에서는 비올레타 발레리로 불린 이야기의 실제 주인공은 19세기 중반 파리 최고의 코르티잔이자 작가 뒤마 피스의 연인이기도 했던 마리 뒤플레시라는 여성이다.

뒤마 피스는 《삼총사》, 《몽테크리스토 백작》 등으로 유명한 아버지 뒤마와 벨기에에서 온 의상실 재단사 사이에서 사생아로 태어났다. 아버지 뒤마는 아들이 태어나자 제 어머니와 인연을 끊게 하고 기숙학교에 보냈는데, 기숙사에서 뒤마는 자신의 출신에 대한 조롱과 놀림을 견디며 문학청년으로 자라났다. 남성의 이기주의를 중심으로 이것을 조장시키는 금전의 힘, 그리고 그것을 묵인하는 항간의 관습이나 제도에 대해 꾸준히 작품을 써 온 뒤마의 작품 경향을 혹자들은 이러한 그의 어린 시절에서 찾기도 한다.

19세기 파리는 산업혁명 이후 신흥부호가 급증하면서 갑자기 부자가 된 남성들이 아내 외에 따로 애인을 거느리는 것이 유행이었는데, 이들은 '코르티잔(courtesan)'이라고 불렸다. 당대 최고의 코르티잔이었던 마리 뒤플레시에게는 구애하는 남성들이 끊이지 않았다.

코르티잔이란 굴지의 재력가나 귀족의 경제적 후원을 받으며 그들의 애인 노릇을 하는 일군의 여성들이었다. 코르티잔은 사회적으로 용인된 직업이자 공개된 신분이라는 점에서 정부(情婦)와도 달랐다. 코르티잔의 존재는 결혼이 가문과 재산을 보호하기 위한 일종의 거래로 여겨지며 결혼과 연애가 별개의 것으로 공존했던 유럽 신분사회의 질병 같은 하나의 현상이었다.

귀족의 부인에게는 남편이 코르티잔에게서 본 혼외자식이 유산 상속의 대상이 될 수 있다는 것이 특히 민감한 쟁점이었다. 이에 따라 부인이 코르티잔을 용인하는 대신 코르티잔은 아이를 낳지 않는 것이 불문율이었고, 또 경제적 후원이 끊어지거나 더 나은 후원자가 나타나면 관계를 끝내고 떠나는 것이 다반사였다.

동백꽃을 사랑한 파리의 코르티잔

프랑스 노르망디에서 가난한 행상의 딸로 태어난 마리의 본명은 알퐁신 플레시, 여덟 살에 고아가 되어 친척집에 맡겨졌으나 열두 살 때 강간당하고 그곳을 떠났다. 공장을 전전하던 알퐁신은 양장점에서 봉제일을 하기 시작했는데, 19세기 파리의 양장점은 매춘이 공공연하게 이루어지는 곳이었다.

매춘부 중에서도 최하급 계층에 속해 있었던 알퐁신의 운명은 나폴레옹 3세 치세 시절 외무부 장관을 역임하던 그라몽 경을 만나면서 극적으로 바뀌게 된다. 이름도 마리 뒤플레시로 바꾸었다. 그녀에게 사로잡힌 그라몽 경이 살 집을 얻어주고 피아노와 춤을 가르쳐줄 개인교사를 붙여주면서 마리는 하루 벌어 겨우 하루를 살아가던 일용 노동자에서 파리 사교계의 촉망받는 코르티잔으로 일약 변신했다.

소설 속에서 아르망 뒤발은 극장에서 친구를 통해 마르그리트를 소개받는다. 뒤마가 친구 유젠 데자제의 소개로 마리를 만난 것도 파리의 한 극장이었다. 동갑이었던 둘은 만나자마자 사랑에 빠졌는데, 마리는 뒤마와 동거하는 동안에도 부유한 후원자와의 관계를 끊지 않았다. 밑바닥 생활을 경험한 그는 자신의 생활수준을 유지하기 위해 지체 높은 귀족이나 부자인 연인이 필요하다는 것을 몸으로 알고 있었다. 마리의 이 같은 사고방식은 프레보의 주인공 마농과 결이 비슷하며, 뒤마와 마리의 연애담 역시 뒤마의 소설보다는《마농 레스코》에 좀 더 가까운 듯하다. 당대 최고의 코르티잔으로 이른바 '만인의 연인'이었던 마리는 애초부터 뒤마에겐 너무나 벅찬 연애 상대였다. 상처 입은 뒤마는 마리에게 절교 편지를 쓴다.

> 나는 내가 해주고 싶은 만큼 당신을 사랑할 수 있는 부자도 아니고, 당신이 줄 수 있는 만큼의 사랑에 만족하는 가난뱅이도 아닙니다…….

헤어진 뒤 두 사람은 각자의 길을 가기로 했다. 뒤마는 외국여행을 떠나고 마리는 새로운 연인을 만났다. 피아니스트 프란츠 리스트와 연인이 되었다가, 자신에게 반한 젊은 백작 에두아르 드 페레고와 결혼해 영국으로 떠났다. 코르티잔이 결혼을, 그것도 귀족과 한 것은 매우 이례적인 일이었지만, 백작 집안에서는 서류가 불충분하다며 마리와의 결혼을 인정하지 않았다. 결혼이 무효화된 뒤 마리는 다시 파리로 돌아왔고, 지병인 폐결핵으로 곧 세상을 떠났다. 그의 나이 스물셋, 그토록 좋아하던 동백꽃에 싸여 무덤에 들어갔다.

마리가 죽은 다음 날 그가 쓰던 물건들이 경매시장에 나왔는데, 옛 연인들이 각자 그와의 추억을 되새기며 그에게 선물했던 물건들을 다시 구입했다고 한다. 마리의 장례식에 참석했던 소설가 찰스 디킨스는 '잔다르크의 장례식이라도 되는 듯이 엄숙하고 슬픈 분위기였다'고 술회했다. 마리가 죽은 지 일주일이 지난 후에야 사망소식을 들은 뒤마는 파리로 돌아와 그의 이야기를 소설로 쓰기 시작했다. 우리에게는《춘희》라는 제목으로 잘 알려진, 바로 그 작품이다.

1848년, 이 소설이 히트하며 일약 유명인사가 된 뒤마는 작품의 흥행코드를 감지했다. 그는 이 신파적인 최루성 소설을 희곡으로 각색했다. 하지만 완성된 희곡이 연극무대에서 상연되기까지는 몇 년이라는 세월을 더 기다려야 했다. 내용이 저속하다는 이유로 검열에서 몇 번이나 부적격 판정을 받았기 때문이었다.

1852년 파리에서 초연된 연극은 대성황을 이루었고, 연극을 본 관객 중에는 작곡가 베르디도 있었다. 그는 주인공의 이름을 바꾸어(마르그리트를 비올레타로, 아르망을 알프레도로 바꾸었는데, 그 이유를 그의 죽은 아내 이름이 마르그리트였다는 데에서 찾는 사람도 있다) 이듬해 오페라 〈라 트라비아타〉를 완성했다. 아내와 자식들을 잃은 뒤 소프라노 쥬세피나 스트레포니와 동거하며 세간의 따가운 시선을 견뎌내야 했던 베르디에게 이 작품은 각별한 의미로 다가왔을 터였다.

발레 안무가 노이마이어는 1978년 〈카멜리아 레이디〉라는 제목으로 3막 발레를 안무했다. 〈라 트라비아타〉와 〈카멜리아 레이디〉는 오늘날 오페라와 발레 무대에서 인기 레퍼토리로 정착해 오늘날까지도 전 세계 무대에서 폭 넓은 사랑을 받으며 매우 자주 공연된다.

'자전적 이야기' 속 죽은 연인

앞서도 언급했듯이 뒤마의 소설을 프레보의 《마농 레스코》와 떼어놓은 채 읽기란 어렵다. 이 작품을 뒤마의 '자전적 이야기'라고 곧이곧대로 받아들이기엔 사실 관계가 교묘하게 왜곡되어 있다. 소설 속 마르그리트 고티에와 현실의 마리 뒤플레시 간 공통점은 파리 최고의 코르티잔이었고 동백꽃을 좋아했으며 폐결핵으로 젊은 나이에 사망했다는 정도다. 고증이 중요한 역사소설도 아닌 만큼 이런 간단한 요소들을 기본 재료로 삼아 이야기를 만드는 데는 전혀 문제가 없으나 이 작품이 '자전적 이야기'로 알려지는 동안 뒤마의 경험과 소설 속 아르망의 목소리는 뒤섞여 두 인물은 하나가 된다.

소설 속에서 마르그리트를 찾아와 아르망과의 이별을 종용하는 아버지는 뒤마의 아버지가 아니라 자신의 아들이 코르티잔과 결혼하는 것을 반대한 페레고 백작의 아버지를 모티브로 볼 수 있으며, 그 외에 이야기를 구성하는 주요 장치들, 아르망의 장래를 위해 마르그리트가 연인의 오해와 원망도 불사하고 떠났다거나, 그가 아무도 찾는 사람 없는 가난과 고독 속에서 헤어진 연인을 그리워하다 죽었다거나 하는 것들은 순전히 뒤마의 상상력에 의해 재창조된 이야기들이다. 아르망의 목소리로 뒤마의 이야기를 듣는 듯한 착각 속에서 아르망에 대한 연민은 뒤마에 대한 것으로 동일시된다.

연인을 물질적으로 만족시켜줄 만큼의 재력을 갖추지 못했다는 이유로 이별을 선택한 남성이, 이별 후 이른 나이에 세상을 떠난 연인을 모티브로 소설을 쓰며 연인을 자신의 천한 신분이 남자에게 누가 되리라 생각하며 곁을 떠나는 희생적인 모습으로, 자신과의 이별 후 누구에게도 사랑받지 못하며 가난 속에서 불치의 병으로 세상을 떠나는 가련한 모습으로 묘사했다는 것을 어떻게 바라봐야 할까.

소설과 달리 실제 연인은 자신과 헤어진 후에도 부유한 귀족의 구애와 함께 코르티잔으로서는 드물게 정식 결혼을 하고 조의를 표하는 사교계 명사들에 둘러싸여 눈을 감았다는 사실을 소설에서라도 부인하고 싶었던 것은 아닐까. 그 같은 소설을 쓴 마음 한편에 열등감이나 복수심이 자리잡고 있었던 것은 아닐까.

분명한 것은, 만약 마리 뒤플레시가 펜을 들어 자신의 자전적 이야기를 썼다면 오늘날 우리가 책으로 읽거나 무대에서 보는 이야기와는 매우 다른 이야기를 만났으리라는 사실이다. 이 '자전적 이야기'의 또 다른 당사자이기도 한 뒤플레시가 이 소설을 읽었다면 '자전적 이야기'라는 데 고개를 끄덕였을까. 현대에서 《춘희》를 다시 만나는 우리가 듣는 것이 마리 뒤플레시의 목소리도, 마르그리트 고티에의 목소리도 아니라는 데 이 '자전적 이야기'의 함정이 있다.

인형이 되기를 거부해 유령이 된 여자

버사 _ 샬럿 브론테 作,《제인 에어》 등장인물
앙투아네트 _ 진 리스 作,《광막한 사르가소 바다》 등장인물

"이 방에는 거울이 없다.
그래서 나는 지금 내가 어떤 모습인지 알지 못한다.
나는 내가 브러시로 머리를 빗던 모습과
거울 속의 내가 나를 쳐다보던 눈길을 기억한다.
내가 본 그 거울 속 여자가 나 자신이다.
그렇다고 정확히 나 자신이라고 말할 수는 없다."

-《광막한 사르가소 바다》 중 앙투아네트의 독백

*본 장에서는 동일 인물인《제인 에어》의 버사와《광막한 사르가소 바다》의 앙투아네트를 묶어 서술하고 있어 본문 중에 두 이름을 혼용하였다.《제인 에어》의 내용을 서술할 때는 버사로, 작중 시간이《제인 에어》보다 앞서는《광막한 사르가소 바다》에서는 로체스터가 버사라고 부르기 전까지는 앙투아네트로, 이후에는 버사로 표기하고 부득이할 경우 괄호 안에 넣어 병기하였다.

총 38장으로 구성된 《제인 에어》의 마지막 장에서 제인은 이렇게 선언한다. "독자여, 나는 그와 결혼했다"라고. 1847년 샬럿 브론테가 여성 작가임을 감추기 위해 커러 벨이라는 필명으로 발표한 《제인 에어》는 출간 두 달 만에 2쇄를 발행하며 커다란 성공을 거두었다. 아버지 혹은 남편으로 대표되는 남성에게 순종하며 헌신하는 것이 이상적인 여성상으로 여겨졌던 빅토리아 시대를 배경으로 여성이 1인칭 시점으로 자신의 삶에 대해 이야기하는 것은 가히 혁명이었다. 로체스터와의 결혼을 알리는 제인의 목소리는 그 마침표였다.

아내로 선택된 것이 아니라 스스로 남편을 선택한 여자

어렸을 때 양친을 다 잃고 외삼촌 집에 맡겨진 주인공 제인은 외삼촌마저 일찍 세상을 떠난 뒤 외숙모와 사촌들의 학대와 구박 속에서 성장한다. 사촌 존의 폭력에 반항하며 자신은 노예도 하녀도 아니라고 외치는 제인을, 외숙모 린드 부인은 남편이 죽은 뒤로 아무도 쓰지 않는 '붉은 방'에 감금하는 벌을 내린다. 사용인 애보트 양의 말은 제인의 위치를 이렇게 정의한다.

> "부인이 도련님 남매와 함께 너를 기꺼이 키워준다고 해서 그들과 대등하다고 생각해서는 못써. 도련님 남매는 돈을 많이 갖게 될 테지만 너는 그렇지 못해. 공손하게 굴어서 모두의 마음에 들도록 해야 하는 것이 네 처지다."

'도련님'인 존은 장차 이 집을 물려받을 미래의 주인이기에 제인에게 폭력을 행사할 수 있지만 고아로 더부살이하는 신세인 제인은 그에게 반격할 수 없다. 주제도 모르고 주인에게 덤빈 제인은 벌을 받는 것이 마땅하다. 제인의 잘못은 표면적으로 고분고분하지 않다는 것이지만 보다 근본적인 것은 제인이 리드 부인의 자식들은 물론 저택에 있는 사용인들을 포함해 그 누구와도 '같지 않다'는 것이다. 침묵과 복종이 여성의 미덕이었던 시대에 제인처럼 독립적이고 개성과 열정이 있는, 자신의 생각을 또박또박 말할 줄 아는, 자신이 겪는 부당함에 대해 "억울해!"라고 외칠 줄 아는 여자아이는 불온하기 짝이 없는 존재였다.

열 살 무렵 제인은 로우드 자선학교에 보내진다. 또 다른 '붉은 방'이나 다름없는 그곳에서 8년을 보내고 난 뒤 제인은 손필드 저택에 가정교사로 가게 된다. 제인은 그곳에서 저택의 주인 로체스터와 만나 사랑에 빠진다. 로체스터는 제인의 인생에 처음 등장한 '남성'이다. 제인은 자신과 그의 관계를 '여성'과 '남성'으로 인지한다. 부당함에 저항하던 여자아이는 동등함을 말할 수 있는 성인여성이 되었다.

> "제가 가난하고 미천하고 못생겼다고 해서 혼도 감정도 없다고 생각하세요? 잘못 생각하신 거예요! 저도 당신과 마찬가지로 혼도 있고 꼭 같은 감정도 가지고 있어요."

고아에다 가난한 가정교사인 젊은 평민 여성과 귀족인 데다 나이도 많고 부유한 남성. 이는 로맨스에서 장르의 문법으로 굳어진, 신분의 낙차를 보이는 이성애 커플 구도다. 하지만 제인은 신 앞에서 두 사람은 동등하다고 주장하며 이 같은 기울어진 구도를 부인한다.

> "저는 지금 관습이나 인습을 매개로 해서 말씀드리는 것도 아니고 육신을 통해 말씀드리는 것도 아네요. 제 영혼이 당신의 영혼에게 말을 하고 있는 거예요. 마치 두 영혼이 다 무덤 속을 지나 하느님 발밑에 서 있는 것처럼, 동등한 자격으로 말이에요. 사실상 우리는 현재도 동등하지만 말이에요!"

로체스터가 남작가의 딸 잉그램 양과 결혼할 생각이라고 오해한 제인은 "저는 자주적인 의지를 가진 자유로운 인간이에요. 그 의지력으로 저는 지금 당신 곁을 떠나는 거예요"라고 말하며 그의 곁을 떠나려 한다.

로체스터는 사회적 신분 차이를 지우고 여성과 남성의 동등함을 말하는 제인에게 수긍한다. "내 신부는 여기 있소. 나와 동등한 것, 나와 꼭 닮은 것이 여기 있기 때문이오. 제인,

나와 결혼해 주겠소?"라는 로체스터의 청혼은 빅토리아 시대의 남성답지 않게 현대적이다. 소설이 여기서 끝났다면 신분이 높고 오만한 남성이 신분은 낮지만 주체적인 여성에게 감화되어 사랑을 이루는 전형적인 결말이 되었을 것이다. 브론테는 이 지점에서 한 걸음 더 나아간다.

알고 보니 로체스터에게는 버젓이 살아 있는 아내 버사가 있었다. 결혼사기극의 피해자가 될 뻔한 위기에서 가까스로 벗어난 제인에게 새로운 운명이 찾아온다. 삼촌이 남긴 이만 파운드의 유산과 사촌인 세인트 존의 청혼이다. 세인트 존은 결혼해서 함께 인도로 떠나 선교 활동을 하자고 제안한다.

청혼을 받아들일지 여부를 진지하게 고민하던 제인의 귀에 환청이 들린다. 게시와도 같은 로체스터의 목소리다. 제인이 손필드에 돌아와보니 저택에 화재를 낸 버사는 그 여파로 사망하고 로체스터는 한쪽 팔과 시력을 잃은 장애인이 되어 있었다. 유산 상속을 받아 부유해진 제인과 신체의 장애로 돌봄이 필요해진 로체스터. 두 주인공 사이의 기울기가 조정되고 나서야 제인은 비로소 "나는 그와 결혼했다"고 선언할 수 있게 되었다. 남성에게 아내로 선택된 것이 아니라 여성인 그가 남편을 선택한 것이다.

그러나 이 같은 해피엔딩에는 찜찜한 구석이 있다. 둘의 결혼을 방해하는 장애물로만 존재하다 조용히 치워진 로체스터의 아내 버사 메이슨의 존재 때문이다. 브론테는 등장부터 죽음으로 퇴장하는 마지막 순간까지 버사에게 인간의 말은 한마디도 주지 않는다.

도미니카 연방 출신 작가 진 리스는 《제인 에어》를 읽고 분개해서 이렇게 말했다. "단지 한쪽 면일 뿐이잖아. — 영국 쪽 말이야." 제인이 거둔 사랑의 성취는 '영국 백인 여성'으로서의 성취다. 그 반대쪽에 있는 것은 버사로 상징되는 '식민지 크리올 여성'의 파멸이다. 리스는 1949년 페기 커크레이디에게 보내는 편지에서 "내가 쓰고 싶은 건 바로 그 미친 크리올 여자에 대해서지, 다른 미친 크리올 여자들에 대해서가 아닙니다"라고 썼다.

'그 미친 크리올 여자'란 '다락방의 미친 여자'인 버사 메이슨이다. '크리올'은 원래 영국인이나 유럽인 이민자의 후손 중 식민지에서 태어난 사람을 가리키다 19세기 들어 식민지의 백인과 원주민 혹은 백인과 흑인 사이에 태어난 후손을 지

칭하는 단어로 의미가 확장되었다.

리스가 1966년 발표한 《광막한 사르가소 바다》는 《제인 에어》의 프리퀄 성격의 작품으로, 그는 브론테가 지운 버사의 목소리에 주목했다. 이 작품에서 버사의 본명은 앙투아네트 코즈웨이, 그의 어머니 아네트는 영국 식민지인 자메이카의 크리올이다. 자메이카의 인구 대부분은 나이지리아나 시에라리온과 같은 아프리카 일대에서 노예로 끌려온 흑인들이었고 이들은 소수인 백인 농장주들에게 노예로 착취당했다. 노예제가 폐지된 후 그들은 크리올을 '백인 검둥이'나 '하얀 바퀴벌레' 같은 멸칭으로 부르며 분노와 증오를 쏟아냈다.

노예제 폐지로 계급적 우위가 사라지고 남편이 사망하며 경제적 기반마저 무너진 아네트는 손쉬운 증오 범죄의 대상이 된다. 아네트는 메이슨과의 재혼으로 빈곤에서는 겨우 벗어났지만 흑인들이 일으킨 화재로 집과 아들을 잃고, 흑인 감호자의 손에 넘겨져 지속적인 강간을 당하며 미쳐간다.

훗날 로체스터는 제인에게 버사의 광기는 그에게 유전적으로 전해지는 집안 내력이라고 설명한다. 아네트의 비극이 식민지에서 노예 생활을 하며 축적된 흑인들의 분노가 초래한 결과라는 사실은 그에게 전혀 중요하지 않다. 부유한 영국 귀족의 아들로 태어났지만 장자가 아닌 탓에 재산을 물려받을 수 없었던 로체스터에게 앙투아네트의 결혼은 구명줄이나 다름없다. 앙투아네트가 삼만 파운드라는 엄청난 액수의 지참금을 가져온 것이다.

영국에서 1870년 '기혼여성의 재산에 관한 법률'이 발령되기 전까지 여성이 결혼 전에 소유하고 있던 일체의 재산은 결혼과 더불어 남편의 재산이 되었다. "나는 이제 부자가 아니에요. 내 이름으로는 돈 한 푼이 없어요. 내가 전에 가지고 있던 모든 것은 이제 다 그 남자 것이 됐어요." 앙투아네트의 한탄에는 짙은 무력감이 배어 있다. "그게 영국 법이래요."

로체스터는 앙투아네트와의 결혼을 "나는 그녀를 사지 않았다. 그녀가 나를 산 거다"라고 정의한다. 그가 아버지에게 보낸 편지에는 결혼과 재산의 등가가 매우 건조하게 적시되어 있다.

> 삼만 파운드의 돈은 질문도 조건도 없이 제게 지불되었습니다. 그녀를 위한 어떤 보호 조건도 만들지 않은 채. 이제 저는 꽤 괜찮은 재산을 갖게 되었습니다. 이제 저는 아버님이나 아버님이 사랑하시는 형님께 수치스러운 인물이 되지 않을 것입니다.

> 둘째 아들의 교활하고 치사한 전술은 이제 없을 것입니다. 제가 자신의 영혼을 팔았군요. 아니 아버님이 파셨다고 해야겠지요. 어쨌든, 아주 나쁜 거래는 아니었다고 봅니다. 여자는 예쁜 편이니까요. 여자는 확실히 예쁩니다.

리스는《광막한 사르가소 바다》의 본문 곳곳에 앙투아네트가 아름다운 여성이라는 이미지를 심어놓고 있다. 이는 아마도 브론테의 묘사를 반박하기 위함인 듯한데,《제인 에어》에서는 제인의 시선을 통해 앙투아네트(버사)의 외모를 이렇게 묘사한다.

> 그것이 처음에는 짐승인지 사람인지 알 수 없었다. 그것은 네 발로 기는 것처럼 보였다. 그것은 이름을 알 수 없는 야생 동물처럼 덤벼들고 으르렁거렸다. 하지만 옷을 걸치고 있었으며 숱이 많은 진한 회색 머리카락이 짐승의 갈기처럼 뒤엉킨 채 흘러내려 얼굴을 가리고 있었다.

앙투아네트(버사)가 처음부터 이처럼 짐승인지 사람인지 구분이 가지 않는 외모였던 것은 아니다. 로체스터의 입으로도 "메이슨 양은 미모 때문에 스패니시 타운의 자랑거리"라거나 "블랑슈 잉그램 형의 미인"처럼 서술되었던 그의 외모가 이렇듯 흉측하게 변하게 된 것은 손필드에서의 오랜 감금 생활 때문이다.

그러나 로체스터가 제인에게 결혼 사실을 숨긴 것은 앙투아네트(버사)가 아름답지 않아서도, 그가 표면적인 이유로 내세운 것처럼 정신이 온전치 않아서도 아니다. 영국인이 아닌 식민지 크리올과 재산을 목적으로 한 결혼을 했다는 사실은 그에게 수치심을 안겨주고 자괴감에 빠지게 한다.

앙투아네트의 흑인 유모 크리스토핀 역시 로체스터의 결혼이 사랑이 아니라 돈이 목적임을 알고 있다. 그는 로체스터가 돈을 목적으로 결혼해 앙투아네트의 전 재산을 손에 넣었다는 사실을 누구나 다 안다고 일갈하며 결혼 후 변한 그의 태도를 날카롭게 지적한다.

> "아가씨가 서방님의 집에까지 가서 결혼해달라고 간청한 것은 아니지요. 그 먼 거리를 찾아 아가씨의 집에까지 온 사람은 다름 아닌 서방님이세요. 아가씨에게 결혼해달라고 애원한 사람도 서방님이세요. 아가씨는 서방님을 사랑해서 자기가 가진

모든 것을 서방님께 드렸어요. 그런데 이제 와서, 사랑하지 않으니 파멸시키겠다고요? 도대체 그 돈을 어디에 쓰려고 그러세요?"

크리스토퓐은 이 결혼이 성사되길 원한 것은 앙투아네트가 아니라 로체스터였다고 지적하며 앙투아네트를 더 이상 사랑하지 않는다면 지참금 중 반을 돌려주고 자메이카를 떠나라고 충고한다. 그러면서 앙투아네트는 자신이 돌보겠다고, 마르티니크 아니면 다른 지역으로 가서 다른 남자를 만나 행복하게 살 수도 있다고 말하자 로체스터는 분노한다.

크리스토퓐의 말처럼 앙투아네트와 결혼하기 위해 영국을 떠나 멀고 먼 자메이카까지 온 것은 로체스터 자신이었지만 로체스터는 크리올이 영국인도 유럽인도 아니라며 앙투아네트와 선을 긋고 그를 '이방인'이라고 규정한다. 앙투아네트의 의붓오빠 대니얼과 흑인 하녀 아멜리는 입을 모아 앙투아네트가 사촌 샌디와 연인 사이였다고 암시하며 성적으로 문란한 여자라는 혐의를 씌우고 로체스터는 한 점 의심도 없이 이를 믿어버린다. 앙투아네트는 어머니를 닮은 미인이지만 어머니처럼 부정한 여자이며, 또한 어머니에게서 광기를 물려받은 미친 여자다.

로체스터는 스스로를 "광녀에게 일생 동안 묶여서 살아야 하는 나"라고 연민하며 앙투아네트를 "술주정뱅이에다 거짓말쟁이인 광녀. 제 어미의 전철을 그대로 밟는 광녀", "품행 나쁜 어머니의 품행 나쁜 딸"이라고 생각한다. 앙투아네트의 부정은 로체스터의 머릿속에서 "그녀는 머리를 풀어헤치고 웃음을 날리며 남자에게 치근덕거리고 온갖 비위를 다 맞추겠지. 그녀는 신음하고 흐느끼며 제 몸을 주겠지. 제정신을 가진 여자라면 절대 안 할 짓을. 절대 못 할 짓을. 언제나 몸을 줄 시간은 알면서 몸을 삼가야 할 시간은 결코 배우지 못한 광녀"라며 구체화되고 부풀려진다.

막대한 지참금으로 로체스터를 부유하게 만들어주었다고 해서 앙투아네트의 정신병이나 성적 문란 같은 흠결이 용서받을 수는 없다. 로체스터는 미친 여자와 살아야 하는 스스로를 연민하면서도 그 미친 여자를 놓아줄 생각은 하지 않는다. 그는 자메이카를 떠나 영국으로 향한다. 크리스토핀의 충고와 달리 앙투아네트를 데리고서다. 그는 손필드 저택의 다락방에 앙투아네트를 가둔다.

앙투아네트는 아내로도, 어머니로도 자격이 없는 여자지

만 로체스터는 그를 버리지 않고 거두었다. 그리고 앙투아네트(버사)가 가진 이 모든 흠결은 로체스터가 제인이라는 가난하고 양친을 일찍 여의었지만 영국 숙녀임에 틀림없는 젊은 여성을 새 아내로 맞아들 수 있는 명분이 된다. 혹시 앙투아네트(버사)는 로체스터에게서 버림받아야 했기 때문에 부정한 여자, 미친 여자가 된 것은 아닐까.

여담이지만 한 가지 짚고 넘어가고 싶은 것은 제인이 삼촌으로부터 이만 파운드의 유산을 받아 경제적으로 부유해진 뒤 로체스터와의 결혼을 스스로 선택할 수 있었던 것과 달리 앙투아네트는 로체스터와의 결혼으로 삼만 파운드의 막대한 재산을 빼앗기고 손필드 저택의 다락방에 갇히는 신세가 되었다는 점이다. 제인의 유산은 그의 삼촌이 영국의 또 다른 식민지였던 드메라라에서 와인 농장을 운영해 일군 것이다.

제인은 유산 상속을 통해, 로체스터는 결혼을 통해 부를 이전받았다는 차이가 있지만 결과적으로 식민지 노예 노동의 소산은 식민지로부터 본토로 이동해 영국 백인을 부유하게 만들어주었다. 브론테가 제인이 받은 이만 파운드 유산의 행방에 대해서는 함구하고 있어 독자들은 제인이 남편으로부터 재산을 지킬 수 있었는지는 영영 알 길이 없다.

이름을 잃어버린 여자

로체스터는 앙투아네트에게 버사라는 영국식 새 이름을 지어준다. 프랑스식 이름인 앙투아네트에는 어머니 아네트가 프랑스 식민지인 마르티니크 출신이라는 배경이 깔려 있다. 앙투아네트에서 버사로 이름을 바꾸는 것은 버사라는 영국식 새 이름을 준다는 의미가 아니다. 버사라는 이름에는 로체스터의 영국인으로서의 자긍심과 가부장으로서의 권위가 깃들어 있다. 앙투아네트는 자신의 이름을 바꾸려는 로체스터에게 저항한다.

> "버사는 내 이름이 아니에요. 다른 사람의 이름으로 나를 부르는 것은 나를 내가 아닌 다른 사람으로 만들려는 거지요? 그것도 오베아예요."

오베아는 자메이카 흑인들의 토착 신앙으로, 무속인들은 정신적인 리더로 존경받았으며 독을 사용해 백인 노예주들을 암살하기도 했다. 오베아의 의식은 '영혼을 훔치는 행위'로 간주되었다. 흑인들은 이를 통해 인간을 꼭두각시나 인형, 좀비와 같은 상태로 바꿀 수 있다고 믿었다. 로체스터는 앙투아네트를 버사라고 부름으로써 그의 정체성을 지우고 영혼을 빼앗은 듯한 전능감을 얻는다. 그뿐 아니라 로체스터는 앙투아네트를 이름 대신 마리오네트라고 부르고 그의 잠든 모습을 보며 인형이라고 느낀다.

> 침대 위에 똑바로 누운 앙투아네트의 모습이 눈에 들어왔다. 움직이지 않고 누워 있는 모습이 꼭 인형이 누워 있는 것 같았다.

로체스터가 앙투아네트와 보내는 밤은 처음에는 오르가즘의 은유로서의 죽음을 의미했으나 점차 생명력을 상실하는 죽음으로 바뀌어간다. 앙투아네트의 옷이 찢어져 있다는 묘사 등으로 미루어볼 때 행위에 폭력이 동반되었음을 짐작케 하며, 앙투아네트가 자고 있는 옆방에서 그가 들을 수 있도록 하녀 아멜리와 성관계를 갖는다. 앙투아네트는 정신적으로 무너진다. 그는 이제 사람이 아니라 인형이다.

> 그녀가 내 뒤를 따르더니 대답했다. 나는 그것이 그녀의 목소리인지도 몰랐다. 온기도 없고 달콤함도 없는 목소리다. 인형

이 인형의 목소리를 갖게 된 것이다. 숨이 가쁘고 이상할 정도로 무감각한 목소리였다.

로체스터에게 자유를 빼앗기고 미친 여자 취급을 받지만 앙투아네트는 자신이 잃은 것이 무엇인지 잘 알고 있다.

이름이라는 건 중요하니까. 그 남자가 나를 앙투아네트라고 부르지 않자, 나는 앙투아네트가 창문을 통해 슬그머니 날아가버리는 것을 보았어. 앙투아네트의 향기도, 옷도, 거울도 모두 사라져버리는 것을 나는 보았거든.

자메이카의 앙투아네트와 영국의 버사는 다른 인물이다. 자메이카에서 앙투아네트는 '태양'을 닮았다고 칭송받았지만 이름을 잃어버리고 영국으로 온 그는 인형 혹은 유령이다. 두꺼운 커튼이 쳐 있어 빛을 볼 수 없는 손필드의 다락방은 또 다른 '붉은 방'이다. 제인은 '붉은 방'에서 나올 수 있지만 앙투아네트에게는 죽음으로만 가능했다.

이 방에는 거울이 없다. 그래서 나는 지금 내가 어떤 모습인지 알지 못한다. 나는 내가 브러시로 머리를 빗던 모습과 거울 속의 내가 나를 쳐다보던 눈길을 기억한다. 내가 본 그 거울 속 여자가 나 자신이다. 그렇다고 정확히 나 자신이라고 말할 수는 없다. 오래전 일이지만 내가 어린 소녀였을 때, 나는 너무나 외로워 거울 속의 나에게 입을 맞춘 적이 있었다. 그러나 유리가 우리를 가로막았다. 유리는 딱딱하고 차디찼으며, 내 입김 때문에 뿌옇게 안개가 꼈다. 이제 그들이 모든 것을 다 가져가 버렸다. 나는 도대체 이곳에서 무얼 하고 있는 건가? 나는 누구란 말인가?

페미니스트 비평가들은 버사를 제인의 분신으로, 특히 억압으로 작동하는 사회적이고 성차별적인 규범에 대한 분노를 대신 표현해주는 존재로 보았다. 버사는 제인이 갖지 못한 공격성을 표출하는 존재다. 그러나 버사는 곧 자신을 밀어내고 로체스터의 부인 자리를 차지하게 될 제인을 공격하지 않는다. 버사가 공격하는 대상은 의붓오빠인 리처드 메이슨과 남편인 로체스터, 즉 자신에게 가부장제라는 폭력을 행사하는 남성들이다.

버사는 불길에 휩싸인 손필드 저택의 다락방에서 나와 추락사한다. 버사가 제인에게 어떠한 폭력도 행사하지 않고, 심지어 로체스터에게마저 직접적인 폭력 없이 사라진 덕분에 제인과 로체스터는 운명처럼 재회해 무사히 결혼에 이른다. 제인의 평등한 결혼을 위해 편리하게 퇴장한 버사를 그가 개별 인격체임을 지우고 제인의 분신으로 읽는 것은 버사에게 너무 가혹한 해석이 아닐까.

> 나는 아주 오랜 시간 동안 기다렸다. 그녀가 코를 고는 소리를 들은 후, 나는 침대에서 일어나 열쇠를 집어 들고 잠긴 문을 열었다. 그리고 촛불을 들고 복도로 나왔다. 이제 드디어 나는 내가 왜 여기 끌려왔는지를 알게 되었고, 무엇을 해야만 하는지도 알았다. 바람이 어디서 불어왔는지 촛불이 깜박거렸고, 나는 촛불이 꺼졌다고 생각했다. 그러나 내가 손으로 바람을 막아주자 촛불은 다시 살아나 타오르기 시작했다. 내가 가는 이 캄캄한 길을 밝혀주기 위하여.

리스는 버사의 마지막 길에 어둠을 밝히는 촛불 한 자루를 놓아준다. 이는 손필드 저택의 화재가 발생하기 전 버사가 꿈에서 본 장면이다. 제인과 같은 방식은 아니지만, 마침내 버사도 '붉은 방'에서 나오게 된 것이다. 로체스터는 버사가 미친 여자이기에 다락방에 가둘 수밖에 없었다고 말했지만 다락방에 갇혀 미쳐버린 여자는 죽음으로써만 그곳에서 나올 수 있었다. 후대에 이르러 버사에 대해 다양한 해석들이 나오고 있지만 유일한 진실은 이것이다. 그가 죽어서야 그 방을 나올 수 있었다는 것 말이다.

part 2

여자에게 사랑이 없는 삶은 죽음

안나

엠마

줄리엣

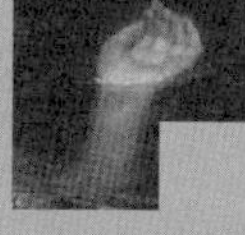

사랑 없이는 살 수 없다

안나 _ 레프 톨스토이 作
《안나 카레니나》 등장인물

"우리들은 말하자면 결합될 때까지는
양쪽에서 서로에게 접근하였지만,
그러고 나서는 억누를 수 없는 기세로
제각기 다른 방향으로 떨어져 가버렸던 것이다."

-《안나 카레니나》 중 안나의 독백

기차의 이미지는 다양하게 변주된다. 영화감독 봉준호는 기차에 계급구조를 투영한 영화 〈설국열차〉로 화제를 모으기도 했고, 배우 설경구는 영화 〈박하사탕〉에서 기차를 통해 과거로 거슬러 올라가는 시간여행을 떠나기도 했다. 〈은하철도 999〉 같은 애니메이션은 기계문명과 자본주의, 계급주의에 대한 비판을 은유하고 있기도 하다.

톨스토이도 기차 모티브를 작품에 즐겨 사용했다. 그는 기차를 타락과 방종이 판치는 현대의 상징물로 보았다.《안나 카레니나》에서 안나와 브론스키가 처음 만나고 안나의 삶이 마감되는 곳이 모두 기차역으로 설정된 이유다. 아내와 불화가 깊었던 톨스토이는 여든이 넘은 노구를 이끌고 가출을 감행하는데, 집을 나온 지 열흘 만에 아스타포보 기차역(현재의 톨스토이역) 역장 관사에서 세상을 떠나고 말았다. 그가 작품 안에서 그려낸 기차의 비극은 현실에서도 그를 덮친 셈이다.

모든 것은 기차역에서 시작되었다

톨스토이가 《안나 카레니나》를 쓰면서 처음 붙이려고 했던 제목은 '두 결혼'이었다. 작품은 초기 제목안처럼 안나와 카레닌의 불행하고 체면에 짓눌린 결혼생활과 시골 지주 콘스탄틴 레빈과 키티의 소박하지만 진실된 결혼생활을 교차시키면서 전개된다. 뿐만 아니라 작품의 첫머리에서 오빠의 외도로 깨어질 위기에 처한 결혼의 중재자로 등장한 안나는 곧 젊은 귀족 브론스키와 사랑에 빠져 자신의 결혼을 위기에 몰아넣는다. 그가 오빠네 집에 가는 길에 기차역에서 투신자살을 목격하고 끔찍한 광경에 몸서리를 치는 것은 소설 마지막에 똑같은 방법으로 세상을 버리는 그 자신의 운명을 예고한 것이다.

워낙 원작이 방대하기 때문에 영화나 오페라, 발레 등 다른 장르로 각색되면서 레빈과 키티의 이야기는 생략되거나 축소되기 십상이다. 이 소설의 제목이 '안나 카레니나'가 아니라 '키티 레비나'였다면 두 주인공이 서로의 마음을 제대로 알지 못한 채 오해가 쌓여 엇갈리기만 하다 결말에 이르러 사랑을 이루는 제인 오스틴식 로맨틱 코미디가 되었을 것이다. 어쩌면 톨스토이가 추운 러시아를 떠나 바스 같은 영국의 따뜻한 온천도시에서 이 작품을 썼더라면 제목도, 주인공의 이름도 '키티 레비나'가 되었을지 모르겠다.

돌리의 막내 여동생인 키티는 이제 막 사교계에 데뷔한 아름다운 소녀다. 그는 무도회에서, 또 자신의 집에서 두 명의 남자에게 구애를 받는데, 한 명은 형부 오블론스키와도 격의 없는 친구로 지내는 브론스키, 또 한 명은 역시 오블론스키의 오랜 친구인 레빈이다.

키티의 아버지가 진중하고 사려 깊은 레빈에게 호감을 갖고 있는 것과는 달리 키티와 키티의 어머니는 젊고 잘생긴 데다 부유하기까지 한 브론스키를 일찌감치 남편감과 사윗감으로 점찍어두고 있다. 숙녀인 키티가 자기 마음을 표현하는 데 소극적인 것과 달리 키티의 어머니는 브론스키에 대한 노골적인 편애를 드러내 남편으로부터 구혼자를 꼬드기고 있다는 비난을 받을 정도다.

그러나 젊은 청년의 구애는 청혼으로 이어진다는 공식을 굳게 믿고 있는 모녀의 기대를 브론스키는 여지없이 무너뜨린다. 그는 한 번도 결혼이란 것을 진지하게 생각해본 적 없는 대책 없는 젊은이다. 그는 키티를 좋아하고 키티와 함께 있는 자리를 즐거워하지만 자신의 감정을 유쾌함 이상으로 발전시킬 생각이 없을뿐더러, 그러한 자신의 태도, 즉 결혼할 의사도 없으면서 미혼여성의 마음에 기대를 불어넣는 것이 젊은 남자들이 흔히 저지르는 죄라는 것도 인식하지 못한다. 마찬가지로 남의 아내, 그것도 사회적으로 명망이 높은 귀부인인 안나에게 적극적으로 구애하는 것이 어떤 의미인지도 모르고 있다.

이렇듯 감정에 둔한 남자가 그러한 정열의 화신이 될 수 있었다니 현대 독자의 시각으로는 잘 이해가 되지 않지만, 도리어 그의 감수성 부족이 가정이 있는 여자라는 상대방의 처지 같은 것은 아랑곳하지 않고 자신의 마음을 밀어붙일 수 있는 정열로 나타났다고 생각하면 얼핏 납득이 되기도 한다. 키티가 브론스키에 대한 희망과 기대에 가득 찬 채 레빈의 청혼을 거절한 바로 그날, 브론스키는 무도회에서 안나를 만나 지금껏 경험하지 못한 감정의 포로가 되고 만다. 바로 '사랑'이었다.

사람을 사랑하고 살아 숨 쉬어야 하는 인간

안나가 오빠 부부를 화해시키려는 목적을 가지고 모스크바역에 도착했을 때, 브론스키는 어머니를 마중 나와 있었다. 이 첫 만남에서 브론스키의 눈에 비친 안나는 "뭔가 유달리 정답고 부드러운 것"이 느껴지는 얼굴을 가진 여자다. 안나의 아름다운 얼굴은 물론 반짝이는 두 눈과 미소 띤 붉은 입술 사이를 "팔딱팔딱 뛰어 돌아다니기도 하는 짓눌린 생기"를 브론스키는 금세 알아차리고 매혹된다. 오블론스키에게 여동생 안나는 "심장을 지닌 여자"이며, 올케 돌리는 "살고 싶어 하는 여자"로, "하느님이 영혼에 그러한 마음을 심어놓은 것"으로 이해한다. 뒤에 오블론스키의 소개로 안나를 만나게 되는 레빈 역시 그에게 눈길을 주는 순간 '묘한 광채가 그의 얼굴을 환하게 비췄다'고 술회한다.

안나는 그 자신을 "사랑 없이는 살 수 없는, 살아 있는 여자"라고 정의하며, "신이 나란 사람을 사랑하고 살아 숨 쉬어야 하는 인간으로 만들어놓았다"고 말한다. 그에게 있어 체면을 가장 중시하는 남편 카레닌은 결혼생활을 지속해 오는 동안 자신의 생명을 압박하고 자신의 마음속에 살아 있는 모든 것을 압박하는, 생명을 추구하는 자신에겐 상극이나 다름없는 존재다.

톨스토이는 이처럼 '생기'나 '광채', '심장', '살아 있음' 등의 표현을 통해 안나에게 독특한 아름다움을 불어넣고 있다. 소설 속에서 안나가 가장 아름답게 묘사된 순간은 키티에게는 악몽의 기억으로 남았을 모스크바의 무도회 밤이다. 이날 밤의 안나는 그에게 반하지 않는 것이 이상할 정도로 강렬한 아름다움을 지닌 존재로 묘사된다. 그리고 안나를 빛나게 하는 아름다움의 정체를 알아본 것도, 사랑에 붙들린 두 당사자보다 먼저 사랑을 꿰뚫어본 것도 모두 키티의 눈이다. 그 통렬한 깨달음의 순간을 키티는 이렇게 회고한다.

> 그러나 이렇게 검은 의상을 걸친 안나를 보자 그는 자기가 지금까지 안나의 참된 아름다움을 이해하지 못하고 있었다는 것을 통감했다. 이제야 그는 안나가 라일락빛 의상을 입을 필요가 없었다는 것, 안나의 아름다움은 바로 그가 언제나 치장을

초월하는 데 있었다는 것, 치장의 흔적이 전혀 드러나지 않는 데 있었다는 것을 이해했다. 레이스로 장식이 된 이 화려한 검은 의상도 그에게서는 조금도 돋보이지 않았다. 그것은 그저 틀에 지나지 않았다. 돋보이는 것은 오직 소박하고 자연스럽고 우아하며 동시에 쾌활하고 생기 넘치는 안나 자신뿐이었다.

안나를 휘감고 있는 사랑의 빛은 사랑에 빠진 사람의 것이며, 그것을 알아볼 수 있는 이 역시 사랑을 하고 있거나 사랑에 빠져본 적 있는 사람뿐이다. 키티는 안나의 눈 속에서 "떨리며 불타오르는 광채를, 저도 모르게 입술이 벌어지게 하는 행복과 흥분의 미소를, 그 동작에 나타나는 한층 또렷한 우아함과 확실함과 경쾌함"을 보고야 만다. 마음 깊숙한 곳에서 이미 진실을 확신했으면서도 애써 그것이 틀리기를 바라는 키티의 마음은 안간힘에 가깝다.

'아냐. 안나를 취하게 하고 있는 것은 여러 사람들의 찬사가 아니라 단 한 사람의 찬사다. 그리고 그 한 사람은, 설마 그이가?' 그가 안나에게 이야기할 때마다 안나의 눈에는 기쁨의 섬광이 불타올랐고, 행복한 미소가 그 진홍빛 입술을 일그러뜨렸다.

안나는 마치 그러한 태도로 마음속 환희의 징후를 밖으로 나타내지 않으려 애쓰고 있는 듯했다. 그러나 그러한 것들은 저절로 안나의 얼굴에 나타났다. '그러면 그이는 어떨까?' 키티는 브론스키의 얼굴을 바라보았다. 그러고는 등골이 오싹해지는 공포에 사로잡혔다. 키티는 안나의 얼굴에서 똑똑히 보았던 그것을 브론스키에게서도 발견한 것이다.

브론스키는 자신의 감정을 키티에게 들켰다는 사실도 모른 채 안나를 향해 넓은 보폭으로 성큼성큼 직진한다. 그러나 브론스키가 자신에 대해 느낀 감정, 그리고 브론스키를 향한 자신의 감정이 얼마나 위험한 것인지 안나는 어렴풋하게나마 짐작하고 있다. 안나는 오빠 부부의 만류에도 불구하고 예정보다 앞당겨 페테르부르크로 돌아간다.

그러나 안나가 몰랐던 것은 사랑에 빠진 남자가 얼마나 무모할 수 있는지였고, 또한 자신이 그러한 격정적인 사랑을 얼마나 갈구해 왔는지였다. 브론스키는 안나를 뒤쫓아 페테르부르크로 향하고, 안나는 겉으로는 그를 밀어내면서도 그와의 관계를 단호하게 끊어내지 못한다. 두 사람의 사랑은 오랫동안 가물어 갈라진 땅이 빗물을 흡수하는 것처럼, 바싹 마른 나뭇가지에 불이 붙어 숲 전체로 번지는 것처럼, 걷잡을 수 없이 불타오른다.

사랑 없는 삶보다는 삶 없는 사랑을

이렇다 할 증거만 잡히면 비난을 퍼부을 만반의 준비를 하고 있는 사교계의 싸늘한 시선과 카레닌의 외면, 브론스키 부인의 불안 속에서 안나는 브론스키의 아이를 가졌다는 사실을 깨닫고 남편에게 이혼해달라고, 부정을 저지른 자신을 버려달라고 부탁한다. 안나가 원하는 것은 단 하나, 온전히 자기 자신으로 살 수 있는 삶이었다. 사랑 앞에 맨얼굴로 벌거벗고 마주 서는 그런 삶. 그렇기에 안나는 남편의 결정, '우리의 생활은 이전과 똑같이 영위되어야만 한다'는 것을 이해하지 못한다.

> '난 나쁜 여자다. 몸을 망쳐버린 여자다'하고 안나는 생각했다. '그렇지만 난 거짓말을 하는 것은 싫다. 난 거짓말은 참지 못하니까. 그러나 저분의 일용할 양식은 바로 허위다. 모든 걸 다 알고 있고 다 꿰뚫고 있으면서도 저렇게 태연하게 얘기할 수

있다니 저분은 도대체 무슨 생각을 하는 것일까? 만약 저분이 날 죽여버리든지 브론스키를 죽여버리면 난 저분을 존경하련만. 그러나 어림없어, 저분한테 필요한 것은 그저 허위와 체면밖에 없다.'

브론스키의 딸을 낳고 나서 안나는 산욕열로 사경을 헤맨다. 그의 죽음이 임박했다고 여긴 브론스키는 절망에 빠져 권총 자살을 시도하고, 심지어 남편과 간부(奸夫) 사이인 두 남자는 죽음의 문턱 앞에 있는 안나 앞에서 화해의 제스처를 취하기까지 한다. 두 남자는 안나의 죽음이라는 특수한 상황을 맞닥뜨리자 서로를 이해하고 연민할 수 있게 된 것이다. 하지만 모두가 안나의 죽음이라는 후광이 드리워져 있는 동안만이다. 안나가 회복되자 브론스키의 절망도, 카레닌의 관대함도 빛을 잃고 만다. 두 남자는 명예를 지킬 기회를 잃었고 안나는 사랑을 지킬 방법을 잃은 셈이었다.

카레닌의 허위와 가식에서 벗어나기 위해 브론스키를 선택한 안나였지만 그와 함께하는 삶도 크게 다르지 않다. 안나가 죽음과 삶의 경계를 넘나드는 사이 두 남자 사이에 깃든 연대감은 그가 사랑하는 남자와 벗어나려는 남자 사이의 차

이를 지워버린다.

안나는 그토록 원하던 허위와 위선으로 점철된 삶에서 벗어나 진실하고 사랑으로 충만한 삶으로 건너가게 된 것이 아니라 아무 일 없는 척하며 지내는 삶에서 그와 같은 다른 삶으로 건너간 것에 지나지 않는다. 두 삶의 차이는 곁에 있는 남자의 얼굴이 다르다는 것뿐이다. 총 8부로 구성된 작품에서, 안나는 4부에서 죽을 고비를 넘기고 7부에서 죽음을 맞는다. 소설의 후반부인 5부에서 7부까지의 서사는 안나가 서서히 죽어가는 과정이나 다름없다.

카레닌과의 결혼생활 동안 사랑하지 않는 남편 대신 아들에게 사랑을 쏟으며 '살아 있는 삶'을 구가하려 했던 안나는 이제 브론스키의 딸이 카레닌의 법적 지배 아래 놓여 있는 모순된 상황을 견뎌야 하는 신세가 되었다. 브론스키는 안나가 정식으로 이혼하고 나면 많은 아이를 낳아 남들과 다르지 않은 결혼생활을 할 수 있게 되리라 기대하지만 안나의 바람은 그런 것이 아니다. 안나가 원하는 것은 변함없고 식지 않는 사랑을 나누는 '살아 있는 삶'이다. 그리고 그것은 생활의 때가 묻기 쉬운 범속한 삶 안에선 좀처럼 실현되지 않는 삶이기도 하다.

안나와 같이 살게 되고 나서 브론스키는 "아름다운 꽃을 사랑한 나머지 꺾어서 못 쓰게 만들어놓고 나서야 겨우 그 아름다움을 깨닫고, 이제는 자기의 수중에서 시들어버린 꽃을 바라보고 있는 사람과 같은 마음"으로 안나를 바라본다. 그리고 안나와 다툴 때마다 "아아! 또 사랑타령이로군"하며 지겨움을 감추지 못하고 "나는 온갖 짓을 다 해보았다. 남은 방법은 하나, 신경을 쓰지 않는 것뿐이다"라고 생각한다.

그렇게 브론스키의 사랑이 식어가는 동안 안나는 고립되고 절망한다. "우리들은 말하자면 결합될 때까지는 양쪽에서 서로에게 접근하였지만, 그러고 나서는 억누를 수 없는 기세로 제각기 다른 방향으로 떨어져 가버렸던 것이다"라고 안나는 생각한다. 그런 무의미한 삶을 지속해야 할 이유가 안나에겐 없다. 비극은 필연적이다. 안나는 기차선로에 뛰어들어 생을 마감하고 만다.

서른한 살에 요절한 전혜린은 일기에 이렇게 썼다.

> 모든 순수한 것은 순간 속에 있다. 이것을 지속하고 응결하려는 것이 진실로 산다는 것이다.

순간의 지속. 안나가 원했던 것도 진실한 순간을 생 전체로 이어가는 것, 그뿐이었을 것이다. 그러나 그것이 목숨과 맞바꿔야 할 만큼 어려운 일이라는 것을, 그는 기차선로에 뛰어드는 그 순간에야 깨달았을 것이다. 그는 사랑 없는 삶 대신 삶 없는 사랑을 택했지만 그 사랑조차 순간으로밖에는 가질 수 없었다. 사랑 없는 삶 안에 남는 것이 그토록 끔찍하고 또 삶 없는 사랑을 택한 것은 그토록 숭고한 일이었을까.

어쩌면 안나의 선택은 긴 삶을 견뎌내야 하는 우리에게 '가지 않은 길'로서의 교훈으로만 존재하는 것인지도 모른다. 이제는 질문을 바꾸어 어째서 안나는 '살아 있는 삶'을 '사랑' 속에서만 찾으려 했는지를 물어야 하는 게 아닐까.

연애, 닿을 수 없는 머나먼 이상향

엠마 _ 귀스타브 플로베르 作,
《보바리 부인》 등장인물

"엠마라는 이름이 내 마음을 가득 채워주고 있어서
무심중 입에서 튀어나와버린 이 이름,
이 이름을 당신은 불러서는 안 된다고 하십니다!
보바리 부인……!
이것은 세상 누구나가 부르는 이름입니다.
그러나 그것은 당신의 이름이 아닙니다.
다른 사람의 이름인 겁니다!"

-《보바리 부인》 중 로돌프의 대사

박희태 전 국회의장이 창안한 것으로 알려진 '내로남불'이라는 관용구는 이제는 원뜻처럼 불륜이 아니라 이중잣대에 대한 비판으로 의미가 확장되어 사자성어처럼 널리 통용되고 있다. 이중잣대를 비판할 때 불륜에 빗대는 것이 대중적 용례가 될 만큼 불륜이 널리 퍼져 있다는 뜻일까. 고전을 비롯해 대중매체에 이르기까지 고금은 물론 동서양을 막론하고 창작자들의 열렬한 사랑을 받고 있는 불륜이라는 소재는 그야말로 길티 플레저의 제왕이라 할 만하다.

불륜을 법적 용어로 부르던 '간통'이 형법에서 사라진 지도 거의 십여 년이 되어간다. 한국에서 간통죄는 2015년 헌

법재판소의 위헌 결정으로 효력이 상실되었고, 2016년 형법 개정을 통해 역사 속으로 사라졌다. 이제 배우자가 있는 사람의 정조의 의무 위반 행위는 형사법의 통제에서 벗어나 상간소송을 통해 위자료를 청구하는 민법의 세계로 무대를 옮기게 되었다.

간통죄는 1953년 9월 형법 제정과 함께 등장했다. "일부일처제 혼인제도를 보호하고 부부 사이에 정조 의무를 지키게 하기 위한" 목적으로 제정되었지만 당시에는 유부녀만 처벌 대상이었다. 이는 여성계에서 "간통죄 입법의 출발이 남편 가문에 속해 '정조'를 지키지 않은 여성을 단죄하려는 의도에서 시작된 것이므로 간통죄 존속이 여성들을 위한 보루라거나 약자를 위한 장치라고 바라보는 시각은 적절치 않다"고 주장하는 배경이 되었다. 여성계는 개정을 위해 목소리를 높였고, 이듬해인 1954년 남녀를 모두 처벌하는 내용으로 간통죄 관련 규정이 개정되었다.

법에서 처벌 대상을 유부녀로만 한정했던 것이 한국만의 법 감정은 아니다. 불륜을 다룬 작품들, 고전과 대중매체를 가리지 않는 폭넓은 작품들 속에서 희한하게도, 혹은 뻔하게도 간통을 저지른 여성의 운명은 거의 정해져 있다.

남편이 아닌 다른 남성의 품에서 진정한 자아에 눈뜨는 콘스탄스 채털리 같은 희귀한 케이스도 있지만, 아비를 밝힐 수 없는 사생아를 낳은 헤스터 프린은 가슴에 주홍 글자를 달고 모멸의 시선을 온몸으로 견뎌내야 했고, 바로 앞 장에서 만난 안나 카레니나는 허위로 가득 찬 결혼이 아닌 완전한 사랑과 합일되는 삶을 꿈꾸다 결국 파국으로 치닫는다.

그리고 이들의 자매인 엠마 보바리는 결혼생활의 권태로움으로 시들어가다가 간통의 권태로움 속에서 스스로 목숨을 끊는다.《안나 카레니나》,《보바리 부인》과 한데 묶이며 '결혼 이야기 3부작' 혹은 '세계 3대 불륜 소설'로 불리는《에피 브리스트》의 주인공 에피는 남편에게 불륜이 들통난 뒤 이혼당하고 딸에게도 외면당하는 신세가 되어 그가 속한 계급사회로부터 고립된 채 은둔 생활을 하다 폐결핵에 걸려 세상을 떠난다.

나도 긴 가운을 걸친 왕비처럼

현실 속의 자아를 망각한 채 자신의 환상 속에서 만들어낸 인물과 그 인물의 삶에 자신을 맞추려고 하는 태도를 '보바리즘'이라 일컫는다. 엠마 보바리는 여기가 아닌 삶, 자신이 살고 있는 삶이 아니라 욕망하는 삶 속에 자신을 밀어넣어 파멸에 이르는 인물이다. 플로베르는 "보바리 부인, 그건 바로 나다"라는 말로 그를 집어삼킨 욕망에 고개를 끄덕인다. 심지어 "연애에 대해 꿈꾸는 것은 모든 것에 대해 꿈꾸는 것"이며, 그것은 "행복 속에 넘치는 무한이자 환희가 낳은 신비"라고 찬미하기까지 한다.

> 열다섯 살 때 엠마는 반년 이상이나 이 빌려온 책의 먼지에 손을 더럽혔다. 그 후에는 월터 스콧의 역사소설에 열중하고서는 오래된 옷장이며 위병들의 대기실이며 방랑시인을 동경했다. 그리고 중세풍의 아치 문 아래서 돌 위에 팔꿈치를 짚고 턱을 괸 다음 들판 저쪽에서 모자에 흰 깃털을 달고 검은 말을 타고 달려오는 기사를 매일 기다렸다. 자신도 긴 가운을 걸친 왕비처럼 그런 오래된 저택에 살고 싶었다.

《보바리 부인》의 주인공 엠마의 삶은 책 속에 있다. 수도원에 들어간 그가 남몰래 읽었던 책들은 두 연인이 눈물과 키스로 사랑을 확인하고 달을 향해 사랑을 맹세하는 내용으로 가득 차 있다. 책을 읽으며 엠마는 아직 다가오지 않은 사랑을 꿈꾼다. 수도원에서 교육받으며 책으로 사랑을 배운 그에게 사랑이란 '지금 여기에 있지 않은 어떤 것'을 의미하는 것이다.

수도원에 막 들어갔을 무렵 엠마는 수녀들조차 놀랄 정도의 두터운 신앙심을 가진 소녀였다. 그의 신앙심은 신앙 그 자체에서 기인한 것이 아니라 "꽃의 아름다움에 이끌려 교회를 사랑하고, 연애의 속삭임을 이야기하는 가사 때문에 음악과 친하고, 정열의 자극하는 맛 때문에 문학을 사랑하는" 식의 신앙이다. 그는 "라마르틴 같은 마음의 미로에 스스로 미끄러져 들어가 호수 위의 하프 소리와 죽어가는 백조의 온갖 노래와 나뭇잎들의 속삭임과 승천하는 순결한 처녀와 계곡에서 가르침을 내리는 신의 소리"에 매혹된다. 그를 매혹하는 것은 한결같이 '여기에는 없는 아름다움'이다.

아! 왜 결혼 같은 걸 했지?

엠마는 "긴 가운을 걸친 왕비"가 되어 "검은 말을 타고 달려오는 기사"를 만나는 날을 꿈꾸지만, 그의 현실은 농가에서 일찍 돌아가신 어머니 역할을 대신하며 이른 나이에 시들어가는 것이다. 그에게 '내일'이란 '사랑에 대한 기대'를 다르게 표현한 말이었다. 엠마는 매일매일 새로운 바람이 불어오는 '내일'을 기대하다 실의에 차서 잠이 드는 생활을 반복한다. '내일'은 밀물처럼 끊이지 않고 계속 다가오지만 금세 '오늘'과 똑같은 '어제'가 되어 빛을 잃어간다. 그런 그에게 삶을 바꿀 기회가 찾아왔으니, 엠마 루올에서 엠마 보바리가 될 기회, 결혼이었다.

> 샤를은 그의 손톱이 너무나 흰 데 깜짝 놀랐다. 끝이 뾰족한 손톱은 반짝반짝 빛나고 디에프산 상아 세공보다도 더 깨끗하게 다듬어져 끝이 둥글게 깎여 있었다. (중략) 그에게서 가장 아름다운 것은 눈이었다. 눈빛은 갈색이었으나 속눈썹 때문에 검게 보였다. 눈초리는 천진할 정도로 대담해서 사람의 눈을 거침없이 똑바로 쏘아보았다. (중략) 머리칼은 가는 가르마를 사이에 두고 양쪽으로 갈라졌고, 그 부드럽고 검은 머리는 양쪽으로 딱 붙어 머리 모양에 따라 가운데가 약간 움푹 들어갔다. 그리고 귓불은 약간 내놓고 볼 근처에서 부드러운 곡선을 그린 머리칼은 뒤에 틀어 올린 머리에 함께 묶여 있었다. 시골

의사인 샤를은 그런 머리를 생전 처음 보았다. 빰은 장밋빛이었다.

엠마는 시골 의사 샤를 보바리가 난생처음으로 가슴에 품은 아름다운 여성이었다. 루올 노인의 대수로울 것 없는 상처를 치료하기 위해 그 집에 드나들게 된 샤를이 기쁜 표정을 숨기지 못하는 것과는 달리, 엠마나 루올 노인 쪽에선 그리 열기가 느껴지지 않는다. 19세기의 의사는 오늘날처럼 존경과 명성을 얻을 수 있는 직업도 아니었거니와, 샤를은 그나마도 몇 번의 낙제 끝에 겨우 의사 시험에 합격한, 성공할 능력도 성공하겠다는 야심도 없는 평범한 남자에 불과했다.

루올 노인은 이리저리 주판알을 튕겨본다. 자신은 비록 가난한 농부였지만 그래도 수도원에서 교육받은 엠마를 같은 농부에게 시집보내 농사나 짓게 하고 싶지는 않았다. 딸에게 홀딱 반해 있는 샤를이 훌륭한 사윗감은 아닐지라도 썩 나쁘지 않은 대안임은 분명했다.

그리고 엠마로 말하자면, 농가를 돌봐야 하는 따분하고 재미없는 생활에서 벗어날 수 있다면 뭐든 할 준비가 되어 있었다. 게다가 그것이 사랑이라면 더더욱 마다할 이유가 없었다. 보바리 부인이 된 그는 애벌레가 나비로 탈바꿈하듯 자신이 마침내 책에서만 보았던 열정적인 사랑의 주인공으로 다시 태어나리라는 기대감에 부풀었다. "지금까지 꿈꾼 그 장밋빛 큰 날개를 퍼덕이며 시적인 창공을 나는 새와 같은 멋진 정열"이 자신의 것이 되리라 믿는 엠마의 기대는 순진하다 못해 어리석다.

엠마는 자신의 삶에 처음 등장한 샤를이라는 남성, 책에서나 접해본 기사가 아닌 살아 있는 사람으로는 처음 대하는 진짜 남성인 남편을 자신이 사랑하고 있다고 믿는다. 변화라곤 찾아볼 수 없는 지루한 농가의 삶에서 벗어나게 해준 그것이 사랑이 아닐 수는, 아니 사랑이 아니어선 안 되기 때문이다. 그는 샤를을 사랑하기 위해 나름대로 노력한다. 남편과 함께 정원의 달빛 속을 산책하며 자신이 알고 있는 가장 정열적인 시를 암송하기도 하고, 일을 마치고 돌아온 남편 앞에서 피아노를 치며 우울하면서도 서정적인 노래를 불러주기도 한다.

샤를이 그가 생각하던 '검은 말을 타고 달려온 기사'가 아니었다는 데에서 엠마의 비극은 시작된다. 엠마가 생각하기에 남자란 세련된 몸가짐에 모든 것에 뛰어나고 격렬한 정열을 품고 있으며, 여자를 신비한 세계로 안내해주는 존재다. 하지만 그 어느 것에도 해당되지 않는 샤를이 그에게 준 것은 실망뿐이다.

샤를이 엠마에게 건네는 말은 밋밋한 길처럼 평범하고 아무런 감동도 웃음도 꿈도 불러일으키지 않는다. 심지어 샤를은 수영을 해본 적도 없고, 검을 사용할 줄도, 권총을 쏠 줄도 모르는 지루한 사내다. 그러니 결혼하고 나면 당연히 딸려온다고 믿었던 행복, 정열이나 도취가 없는 샤를과의 결혼생활이 사랑으로 지어진 집이라고는 도저히 생각할 수 없다. 엠마는 신경질적으로, 또는 체념 어린 한숨을 쉬며 중얼거린다.

"아! 왜 결혼 같은 걸 했지?"

당신의 이름은 엠마

엠마는 결혼 전에 읽었던 연애소설을 내려놓고 파리 지도를 사서 손가락으로 지도 위를 더듬으며 파리의 생활을 꿈꾸고 〈코르베이유〉와 〈살롱의 요정〉 같은 여성지를 구독하며 연극, 경마, 야회 등에 관한 기사를 읽고 최신 유행을 따라잡기 위해 애쓴다. 시골 의사의 아내로 사는 데에는 하등 쓸데 없는 것들이지만 엠마는 진지하다. 몸은 시골 마을 용빌에 있지만 마음은 파리에 있기 때문이다. 그는 용빌에서의 '여기의 삶'을 밀어내고 '여기 아닌 다른 곳'인 파리의 삶을 살고자 한다. 이사도 출산도 그의 삶을 바꿔주진 못한다.

엠마에게 새로운 사랑의 가능성이 포착되는데, 그 남자는 마을의 순수한 청년 레옹이다. 그러나 레옹과의 연애는 미처 꽃을 피우기도 전에 끝나버리고 뒤이어 엠마 앞에 나타난 것은 로돌프라는 바람둥이다. '베테랑' 여성편력가인 로돌프는 싫증이 나기 시작한 애인을 대체할 새로운 여성을 찾고 있었는데, 로돌프의 레이더망에 포착된 것은 시골 아낙답지 않게 아름다움과 품위를 지닌 엠마였다.

연애 경험이 풍부한 로돌프는 엠마가 "손톱도 더럽고 수염도 다듬지 않은" 남편에게 싫증이 나 있으리라 짐작한다. 그뿐 아니라 도시에서 살며 매일 밤 폴카를 출 수 있는 무도회를 동경하는 엠마의 심리를 정확히 간파한다. 그러나 로돌프는 엠마를 어떻게 유혹할까 궁리하는 동시에 유혹에 넘어온 그를 어떻게 떼어버릴지도 미리 계산에 넣고 있는 냉정한 유혹자다.

"오지 않는 편이 좋다고 제가 생각한 것은 당연한 거지요. 왜냐하면 엠마라는 이름이 내 마음을 가득 채워주고 있어서 무심중 입에서 튀어나와버린 이 이름, 이 이름을 당신은 불러서는 안 된다고 하십니다! 보바리 부인……! 이것은 세상 누구나가 부르는 이름입니다. 그러나 그것은 당신의 이름이 아닙니다. 다른 사람의 이름인 겁니다!"

누군가가 불을 댕겨주기만을 기다리고 있던 엠마의 마음은 화약고나 다름없다. 여자를 다루는 데 노련한 로돌프는 그를 '보바리 부인'이 아닌 '엠마'라고 부르는 것이 얼마나 큰 위력을 발휘하는지 너무나 잘 알고 있다. 로돌프가 그의 이름을 불러주는 순간부터 그의 마음은 사랑으로 불타오른다. 김춘수의 유명한 시구와 같이, '내게로 와 꽃이 되는' 그런 사랑이 시작된 것이다. '보바리 부인'이 아닌 '엠마'에게 다가감으로써 로돌프는 싱거울 정도로 간단히 엠마의 마음을 얻었을 뿐 아니라 이 관계는 결혼생활의 권태에 빠져 있던 보바리 부인의 외도가 아닌, 사랑을 그리워하고 있던 엠마라는 한 여성의 사랑으로 거듭난다.

엠마는 "나에게는 사랑하는 사람이 있다!"라고 중얼거리며 감격을 감추지 못한다. 로돌프가 자신의 젊고 싱그러운 육체를 탐닉하는 동안 그는 감상적인 선물을 하고 눈물을 흘리고 "나는 당신의 종, 당신은 나의 왕"이라며 사랑을 고백한다. 로돌프도 처음 접하는 엠마의 순진한 정열에 색다른 매력을 느끼지만 그렇다고 해서 바람둥이의 변덕스러운 마음을 오래 붙들어둘 정도는 아니다. 엠마는 로돌프와 야반도주를 해 용빌이 아닌 곳에서의 새로운 삶을 꿈꾸지만 그 대답으로 돌아온 것은 잔인하게도 로돌프의 이별 선언이었다.

목표도 방향도 없이 달리는 마차

그러나 정부와 헤어졌다고 해서 엠마의 마음이 남편에게 돌아가는 것은 이제 불가능에 가까운 일이 되었다. 남성으로서의 매력도 성공에 대한 야망도 없는 남편이 직업인으로서도 무능하다는 사실을 깨달은 엠마가 이 결혼에 기대할 수 있는 것은 더 이상 남아 있지 않았다.

남편을 향해 열려 있던 문이 닫혀버린 엠마에게 다른 쪽 문이 활짝 열린다. 한번 정사의 달콤함을 맛본 그는 더 이상 순진한 정열에 몸을 내맡기는 시골 여자가 아니다. 로돌프와의 사랑은 깨져버렸지만 그 쓰라린 이별이 엠마에게 남겨준 것은 사랑을 경험한 성숙한 여성의 매력이다.

우연히 루앙에서 레옹과 재회한 엠마는 전에는 감히 다가갈 용기조차 내지 못했던 사랑에 주저 없이 뛰어든다. 레옹 역시 그에게 빠져드는 자신을 제어하지 못한다. 거칠 것이 없게 된 그들은 서로를 열렬히 탐하는데, 두 연인의 가장 뜨거운 순간을 플로베르는 이렇게 묘사하고 있다.

> "나리, 어디로 모실까요?"
>
> 마부가 물었다.
>
> "당신이 좋을 대로!"
>
> 레옹은 마차 속에 엠마를 밀어넣으며 대답했다.
>
> 이윽고 무거운 마차는 구르기 시작했다.
>
> 마차는 그랑 퐁 거리를 내려가, 아르 광장과 나폴레옹 강둑, 뇌프 다리를 건너 피에르 코르네이유 석상 앞에 가서 갑자기 멈췄다.
>
> "세우지 말고 가요!"
>
> 마차 안에서 소리가 들려왔다.
>
> 마차는 다시 움직이기 시작했다. 그리고 라파이에트 광장 네

거리를 지나서부터는 언덕길이기 때문에 전속력으로 내려가 기차 정거장으로 들어갔다.

"아니, 곧장 가요!"

플로베르는 이 부분의 묘사로 당대 프랑스 도덕과 관습에 위배된다며 풍기문란 혐의로 검찰에 기소되기도 했다.

마차는 다시 거기서 돌아섰다. 그리고 거기서부터는 어디라고 목표도 없이 방향도 정하지 않은 채 되는 대로 달렸다. 그 마차 모습은 생폴이고 레스퀴르고, 가르강 산이고, 라루우쥬 마르나 가이야르브와 광장이고, 말라드르리 거리고, 디낭드리 거리고, 생 로멩이고, 생 버비앙이고 생 마클루고, 생 니케즈 앞이고, 바스 비에이유 투르고, 트롸 피프고, 기념 묘지 앞이고 어디서고 볼 수 있었다. 이따금 마부는 마부석에서 거리의 술집을 실망에 가득 찬 눈으로 바라보았다. 그리고 이 손님들이 무엇 때문에 이처럼 멈추지 않고 돌아다니고 싶어 하는지 알 수 없었다.

불륜이 보내온 비싼 청구서

테네시 윌리엄스의 희곡에서 주인공 블랑시는 '욕망'이라는 전차를 타고 '묘지'라는 전차로 갈아탄 후 '극락'에서 내린다. 아마도 '연애'라는 '극락'을 원했을 엠마는 '욕망'이라는 마차를 타고 '파국'을 향해 내달린다. 불륜의 다른 자매인 안나 카레니나를 비극으로 이끄는 것이 기차라면 엠마 보바리를 싣고 파국으로 달려가는 것은 마차다. 안나와는 달리 엠마는 마차에 뛰어들어 생을 마감하지는 않지만 마차에서 레옹과 정사를 벌임으로써 시골 의사의 정숙한 부인으로 살아갈 수 있는 길을 걷어차 버린다.

엠마는 피아노 레슨을 받는다는 핑계로 레옹과 정기적인 밀회를 시작한다. 이때부터 그의 일주일은 연인을 만나는 하루를 위해 존재하는 것이나 다름없다. 레옹을 만나 행복을 만끽한 하루가 지나고 나면 그다음 날은 그 하루를 잃어버린 상실감으로, 다시 며칠이 지나면 그 행복이 다시 오지 않을까 하는 불안과 초조로 달아오른 욕망 때문에 괴로워했다. 결과적으로는 하루의 행복 때문에 나머지 엿새를 지옥에서 보내야 하는 날들이 시작된 것이다.

이로써 엠마의 비극은 엔진을 얻은 셈이었다. 루앙에서 호텔을 빌려 만나야 하는 레옹과의 연애에 드는 비용은 점점 엠마가 감당할 수 없는 것이 되어간다. 게다가 "루앙에 갈 때는 파란 칠을 한 이륜마차에 영국 말을 달고 승마 구두를 신은 마부에게 고삐를 쥐게 하는" 소망을 가진 엠마에게 연애가 돈을 먹는 하마가 되는 것은 필연적이었다(앞서 《마농 레스코》의 데 그리외처럼, 엠마와 레옹의 연애에서도 엠마가 연애에 드는 비용을 감당하느라 전전긍긍하는 동안 레옹이 무얼 했는지는 전혀 드러나 있지 않다).

간통에도 결혼생활의 그것과 동일한 권태가 스며들 무렵 엠마를 덮친 것은 정부의 변심이 아니라 압류장이다. 엠마가 남편 모르게 전당포 주인 뤼르에게서 융통해다 쓴 돈은 자그마치 8천 프랑이나 되었다. 엠마가 지속적으로 꿈꾸었던 '여기가 아닌 곳의 삶'이 그에게 가져다준 것은 분에 넘치는 씀씀이로 인한 파산이었다. 그는 염치불고하고 로돌프에게 돈을 빌려달라고 부탁했다가 그마저 거절당하자 스스로 목숨을 끊는다.

엠마의 죽음은 "검은 말을 타고 달려오는 기사"를 기다리며 "긴 가운을 걸친 왕비"처럼 살고 싶었던 주인공의 최후라고 하기엔 너무나 비참하다. 엠마 보바리를 자기 자신이라고 말한 작가는 연민이라곤 찾아볼 수 없는 냉엄한 시선으로 자신의 주인공에게서 최소한의 품위조차 거둬가 버린다. 선을 이탈한 여자가 응당 치러야 하는 대가라는 듯이.

만약 엠마가 "검은 말을 타고 달려오는 기사"를 기다리는 존재가 아닌 스스로 그런 기사가 되고자 하는 꿈을 꿀 수 있었더라면 그의 최후는 달라졌을까. 적어도 사랑을 구원으로 여기며 불륜에 몰두하는 선택은 하지 않았을지도 모르리라. 삶은 '여기 아닌 다른 어떤 곳'이 아니라 '바로 여기'에 있기 때문이다.

홀로 남겨지느니 함께 죽으리라

줄리엣 _ 윌리엄 셰익스피어 作, 〈로미오와 줄리엣〉 등장인물

"죽음이 내 사위, 죽음이 내 상속인이야.
내 딸과 결혼했어.
난 죽을 것이고 다 넘겨줄 거야.
생명, 삶, 다 죽음의 것이야.
저주받고 불행하며 혐오스러운 날이다.
시간의 끝없는 순례 여정 가운데
최고로 비참한 때 바로 지금이구나."

-《로미오와 줄리엣》 중 캐퓰릿 부인의 대사

사랑에 빠진 원수 집안의 두 남녀

어떤 도시의 젊은 남녀가 서로를 처음 본 순간 섬광이 일어나듯 사랑에 빠지고 말았다. 하지만 남자와 여자의 집안은 철천지 원수 사이였으니, 양가 어른들이 순순히 결혼을 허락해줄 리 만무했다. 둘 앞에 가로놓인 사랑이 장벽이 높으면 높을수록 사랑의 불꽃은 더욱 뜨겁게 타오르는 법인지라, 밤마다 밀회를 거듭하며 사랑을 키워가던 두 젊은이는 누구에게도 알리지 않고 멀리 떠나서 둘만의 결혼식을 올리기로 결심한다.

그러나 누구나 익히 알고 짐작하는 바 그대로, 사람의 일이 계획대로 순탄하게 진행되는 경우는 잘 없는 터, 제 시간에 약속장소에 당도하지 못한 남자를 기다리고 있는 것은 사랑하는 여자의 죽음이었다. 절망한 남자는 연인을 따라가기 위해 그 자리에서 자결하고 말았다. 운명의 엇갈림이란 바로 이런 상황을 가리키는데, 죽은 줄 알았던 연인은 기실 죽은 것이 아니었다. 뒤늦게 남자가 죽어 있는 것을 발견한 여자는 남자의 뒤를 따라 죽음을 택한다.

어딘가 많이 들어본 이야기 같지 않은가? '로미오와 줄리엣'이라고? 틀렸다. 바빌론에서 전해 내려오는 슬픈 사랑이야기, 셰익스피어의 〈로미오와 줄리엣〉이 발표된 것보다 무려 1500년 전에, 고대로마의 시인 오비디우스가《변신이야기》에 수록한 이야기다.

바빌론에는 피라모스라는 훤칠한 남성과 티스베라는 아름다운 여성이 있었는데, 부모가 불구대천의 원수지간인 이들은 하필이면 담장 하나를 두고 나란히 붙어 있는 이웃집에 살았다. 집안 사람들의 눈을 피해 담벼락에 난 틈새로 밤마다 사랑의 밀어를 속삭였던 이들에게 밝아오는 새벽은 야속하기 이를 데 없었다. 두 연인은 어느 날 밤, 집을 몰래 빠져나와 니노스의 왕릉에서 만나기로 약속한다. 새벽이 오기 전에 헤어져야 하는 아쉬움에 목말라하지 않고 마침내 야반도주해서 함께 살기로 마음먹은 것이다.

약속장소에 먼저 도착한 티스베는 그만 사자를 만나 혼비백산해 도망친다. 그 바람에 티스베의 베일이 바닥에 떨어지고 말았다. 방금 사냥을 마치고 돌아가는 길이던 사자는 베일을 물어뜯어 피투성이로 만들어놓고 유유히 사라졌다. 제 시간에 오지 못하고 우여곡절 끝에 약속장소에 늦게 도착한 피라모스의 눈앞에 있는 것은 사랑하는 연인이 아니었다. 피에 흥건히 젖어 있는 베일, 체취까지도 익숙한, 바로 사랑하는 티스베가 늘 두르고 다니던 베일이었다. 피라모스는 연인을 지켜주지 못한 자신의 무력함에 오열하며 지니고 있던 검으로 가슴을 찔러 자살했다.

시간이 얼마나 지났을까, 약속장소에서 무슨 일이 생겼는지도 모른 채 조심스러운 걸음으로 다가온 한 여자, 방금 전 피라모스가 죽었다고 생각하고 절망에 빠져 자신의 목숨을 끊어버리게 만든 바로 그 여자였다. 사자를 피해 동굴 속에 숨어 있던 티스베는 찢어진 베일과 사자의 발자국, 피라모스의 시신을 발견하고 모든 정황을 알아차렸다. 충격과 슬픔으로 한동안 몸을 가누지 못하던 그는 둘의 사랑을 파국으로 몰아넣은 양쪽 집안 부모들을 향해 죽은 뒤에라도 함께 묻어달라는 유언을 남기고 피라모스의 검으로 자결했다.

니모스 왕릉에는 오래된 뽕나무가 심어져 있었는데, 원래 흰색이던 뽕나무 열매가 오늘날처럼 검붉은 색으로 변한 것은 피라모스와 티스베가 죽을 때 흘린 피로 물들었기 때문이라고 한다.

'변신이야기'에서 '로미오와 줄리엣'까지

오비디우스가 《변신이야기》에서 피라모스와 티스베의 비극적인 사랑이야기를 전한 뒤로, 수많은 작가들이 이 이야기를 자신의 방식으로 가공해 다양한 판본을 만들어냈다. 기록으로 남아 있는 것 가운데 〈로미오와 줄리엣〉의 비교적 충실한 원형이라고 할 수 있는 것은 이탈리아의 작가 마수치오 살레르니타노의 단편소설이다.

살레르니타노가 1476년 발표한 《서른세 가지 이야기》에는 〈시에나의 마리오토와 지아노차 이야기〉라는 짧은 소설이 수록되어 있다. 15세기 이탈리아 시에나가 배경인 이 작품에서는 남녀 주인공의 비밀 결혼, 수사의 은밀한 개입, 시에나 시민의 우발적인 살해, 추방되는 마리오토, 지아노초에게 강요되는 결혼, 죽음을 가장한 약, 길을 잃고 엇갈리는 메신저 등 〈로미오와 줄리엣〉을 구성하는 주요 모티브들이 들어 있다. 작품의 결말은 마리오토가 체포되어 참수형을 받고 지아노차는 슬픔으로 죽음에 이르는 것이다.

1530년 루이지 다 포르토(Luigi Da Porto)는 단편소설 〈질레타와 로메우스〉에서 배경을 14세기 베로나로 옮겨왔다. 영주 바르톨로메오 2세가 통치하고 있던 14세기 베로나에는 몬테치와 카펠레티라는 서로에게 적대적인 귀족 가문이 있었다고 한다(이 두 가문의 이름은 집안이 아니라 당파의 명칭이라는 설도 있다). 12~14세기까지 이탈리아 북부에서는 귀족들이 교황을 지지하는 세력과 신성로마제국 황제를 지지하는 세력으로 나뉘어 분쟁이 끊이지 않았는데, 베로나도 물론 예외는 아니었다.

루이지 다 포르토는 반목하고 있는 실제 두 가문의 이름을 차용해 살레르니타노의 소설을 더욱 그럴듯한 것으로 만들었다. 이 이야기는 1554년 마테오 반델로의 단편소설집에 수록되었다가, 영국 시인 아서 브룩이 1562년 쓴 장편서사시

《로메우스와 줄리엣의 비극적 이야기》를 통해 영국으로 건너왔다. 1567년 윌리엄 페인터는 이탈리아에 전해 내려오는 이야기들을 엮어 《쾌락의 궁전》을 펴내면서 브룩의 서사시를 막과 장으로 구분되는 형식으로 새롭게 각색해 여기에 수록했다.

셰익스피어가 활동하던 16~17세기 런던 극장가에는 이탈리아를 배경으로 한 이야기가 선풍적인 인기를 얻고 있었다. 브룩과 페인터가 전하는 비극적인 사랑이야기에 매료된 셰익스피어는 두 주인공 외에 머큐쇼와 패리스 등 갈등을 유발시키는 다른 캐릭터들을 추가해서 이야기를 더욱 풍부하게 만들었다. 1596년 연극으로 공연된 〈로미오와 줄리엣〉은 대성공을 거두었고, 이듬해 희곡으로 출간되며 열광적인 인기를 누렸다. 다만 전문가들은 1597년 출간된 판본보다는 1599년의 것이 더 오리지널에 가깝다고 본다. 1597년 판본은 극단이 연극을 올리기 전에 대본을 수정하고 축약했기 때문이라는 주장이 있다.

이제 막 뭔가가 시작되었어

원수 집안의 아들과 딸이 사랑에 빠지게 되었다. 둘은 비밀리에 결혼식을 올리지만 우발적인 살인과 추방, 오해와 엇갈림은 둘의 사랑을 파국으로 몰아간다. 결국 두 사람의 사랑은 죽음으로 막을 내린다. 아마 모르는 사람이 거의 없을, 〈로미오와 줄리엣〉의 줄거리를 요약하면 이렇게 단순하다.

원작인 셰익스피어의 희곡을 읽어보면 로미오와 줄리엣이 무도회에서 처음 만나 사랑에 빠지고 캐퓰릿 가문의 무덤에서 둘 다 죽음에 이르기까지 걸린 날짜는 고작 닷새에 지나지 않는다. 일요일에 만난 그들은 목요일에 죽었다. 스피디한 전개가 특징인 최근 드라마의 호흡에 익숙한 우리의 눈에도 롤러코스터를 타는 듯이 아찔한 속도다. 청춘과 정염이 만나면 하루 만에도 만리장성을 쌓을 수 있다고 하지만, 불과 닷새 동안 사랑이라는 하나의 우주를 죽음이라는 되돌릴 수 없는 방법으로 완결한 이 작품을 끌고 가는 동력은 에로스와 타나토스의 대충돌이다.

극의 초반에 로미오는 줄리엣이 아닌 로잘린이라는 여성에게 단단히 반해 있는 상태다. 하지만 이 로잘린은 로미오의 사랑을 단호하게 거절해 그를 낙심에 빠트린다. 하지만 로잘린에게 향해 있던 로미오의 사랑은 생각지도 못했던 새로운 여성, 줄리엣을 보자마자 단번에 날아갈 정도로 허약하다. 줄리엣을 보자마자 반한 로미오와 마찬가지로 첫눈에 로미오에게 이끌린 줄리엣의 감정이 로미오의 정염과 만나자 폭죽이 터지듯 폭발했기 때문이다. 그래서 이들의 사랑은 상대를 어루만져주는 살뜰함이 아니라 닥치는 대로 태우고 파괴하는 공격적인 타나토스를 향해 달려간다.

로미오와 줄리엣 둘 모두에게, 사랑의 감정은 죽음을 매개로 해서 가파르게 고조된다. 극의 초반, 로잘린의 마음을 얻지 못해 애태우며 로미오가 사촌 벤볼리오에게 심경을 털어놓는 대사는 이렇다. “자네가 아는 로미오는 지금 여기 없네. 난 나를 잃어버렸어. 자네가 부른 로미오는 어딘가 다른 곳에 있을걸세.” 로잘린을 사랑함으로써 자기 자신을 잃어버린 것이다.

그리고 로잘린이 아닌 다른 여성을 찾아보라는 벤볼리오의 조언에도 로미오는 다른 여성을 보게 된들 로잘린의 아름다움이 얼마나 대단했는지만 생각날 거라며 오매불망 로잘린에 대한 그리움만 토로할 따름이다. 둘은 광장에서 우연히 만난 캐퓰릿 가문의 하인을 통해 로잘린이 오늘밤 캐퓰릿 저택에서 열리는 무도회에 참석한다는 얘기를 듣는다.

"오늘 무도회에 가면 자네가 생각했던 백조가 실은 그냥 평범한 까마귀였음을 알게 될걸세"라고 말하는 벤볼리오에게, 로미오는 로잘린보다 아름다운 여인은 세상에 존재할 수 없다면서 "만일 내가 로잘린을 까마귀에 비유하게 되는 날이 온다면 나는 화형을 당하거나 물에 빠져 죽어도 싸네"라고 답한다. 로잘린을 부정하는 것은 로미오에게는 죽음을 의미한다. 줄리엣을 만나기 전까진.

무도회가 열리는 캐퓰릿 저택으로 들어가기 직전, 로미오는 운명 같은 파국을 예감한다. 그것은 "뭔지는 잘 모르겠지만 이제 막 뭔가가 시작되었어. 그런데 시작하자마자 오늘밤 파티에서 그것이 끝나버릴 것 같은 기분이 들어. 마치 내 인생이 일찍 마감되는 그런 형벌을 받는 느낌이랄까?"라고 표현되는, 시작하자마자 끝나버리는 짧고 강렬한 사랑의 예감이다.

너무도 빨라서 너무나도 꺼림칙한 사랑

캐퓰릿의 저택에서 열린 무도회에는 베로나의 여성들이 다 모여 있다. 그중 군계일학은 오늘의 주인공인 캐퓰릿의 딸 줄리엣이다. 무도회장에서 줄리엣을 본 로미오는 이렇게 중얼거린다.

> 사람이 어찌 횃불보다 더 밝게 불타오를 수 있을까? 마치 까마귀들 사이에 비둘기 한 마리가 끼어 있는 것 같구나. 이 연회장 안에 있는 아가씨들의 미모가 다 시들어버리네. 내가 태어나서 지금 이 순간까지 사랑이라는 것을 한번이라도 했던가? 아니야. 오늘밤이 오기 전까지, 나는 진정한 아름다움을 본 적이 없었어.

그리고 줄리엣이 캐퓰릿의 딸이란 것을 알게 된 로미오는 다시 이렇게 중얼거린다.

> 그녀가 캐퓰릿의 딸이라고? 오 맙소사. 이미 나의 목숨은 그녀에게 달렸는데, 목숨을 원수에게 빚지고 말았구나.

무도회 직전까지 로잘린을 부정하는 것은 죽음이라고 떠벌이던 로미오는 줄리엣을 보자마자 목숨의 주인을 바꾼다. 로미오의 사랑은 죽음과 맞바꿔야 할 어떤 것이다.

성급하기로는 줄리엣도 못지않다. 무도회에서 방금 전까지 함께 춤추고 자신에게 입맞춤까지 한 그 청년이 누구인지 알고 싶어 애가 마른다. 유모를 시켜 그에 대해 알아보라고 하는 줄리엣의 말에서는 조급함을 넘어선 신경증 같은 것이 묻어난다.

> 가서 이름을 물어봐. 저분이 만약 결혼을 했다면, 부인이 있다면, 그럼 경사스러운 내 신혼 침대는 무덤이 될지도 몰라.

이제 겨우 눈 한번 마주쳤을 뿐인데, 로미오가 자신과 결혼할 수 없는 몸이라면 죽어버리겠다고 결심하는 줄리엣이다. 사랑으로 한껏 달떠 있는 십대 커플에게 죽음은 이토록 근접해 있다.

로미오가 원수 가문의 아들이란 것을 유모에게서 들은 줄리엣의 절망도 로미오의 그것과 다르지 않다. 줄리엣은 자신의 이층 방 아래 로미오가 숨어 있는 줄도 모르고 발코니로

나와 애처롭게 독백을 내뱉는다. 로미오라는 이름을 던져버리고 자신을 선택해달라는 줄리엣의 독백을 엿들은 로미오는 “내게 당신의 사랑을 준다면 난 새로운 이름을 받으리다. 지금부터 나는 로미오가 아니오”라고 답한다. 로잘린 때문에 가슴 아파 하고 있을 때도, 그 사랑을 씻은 듯 흘려보내고 줄리엣에게 사로잡히고 나서도, 로미오의 사랑은 자기 부정의 형태로 발현된다.

성미 급한 연인은 만난 지 채 몇 시간 되지도 않아 결혼을 입에 올리는데, 더 몸이 달아 있는 쪽은 줄리엣이다. 애틋하고 절절한 고백과 맹세가 오가며 서로의 마음을 확인한 연인은 아쉬움을 접은 채 이만 헤어져야 한다. 방으로 들어가기 전 줄리엣은 이제 막 시작된 관계를 결혼으로 확정짓는다.

> 당신의 사랑이 명예로운 것이라면, 그래서 저와의 결혼을 원하신다면 내일 제가 사람을 보낼 터이니 말씀을 전해주세요. 언제 어디서 결혼식을 올릴지를요.”

그리고 덧붙인다.

> 만약 당신의 사랑이 명예로운 것이 아니라면 저를 그냥 혼자 슬퍼하도록 해주세요.

둘의 결혼은 초고속으로 진행된다. 로미오의 멘토인 로렌스 신부는 두 가문의 구원(舊怨)을 풀 수 있는 계기가 될지도 모른다는 낙관적인 전망을 하며 둘의 비밀 결혼식을 주재하는 데 동의한다. 그러나 둘만의 결혼식을 올리기 전, "이 사랑은 너무도 빨라서 너무나도 꺼림칙하구나"하는 로렌스 신부의 말은 어쩐지 불길하다.

죽음으로 완성된 사랑

로렌스 신부의 불길한 예감은 맞아떨어졌다. 줄리엣과 결혼식을 올린 뒤, 행복에 겨워 돌아가는 로미오를 줄리엣의 사촌오빠 티볼트가 불러세운다. 전날 캐퓰릿의 무도회에 로미오가 참석했다는 사실을 알고 단단히 벼르고 있던 참이다. 그러나 로미오에게 결투를 신청한 티볼트는 시비 끝에 로미오의 친구 머큐쇼를 죽이게 되고, 친구의 죽음에 분노한 로미오는 티볼트를 살해한다.

머큐쇼의 죽음이 있기 전까지 오페라 부파처럼 경쾌한 템포를 잃지 않던 극은 머큐쇼와 티볼트의 연이은 죽음을 기점으로 분위기가 일변한다. 여태까지 에로스를 추동하는 동력으로 사용되던 타나토스가 전면에 나와 에로스의 지탱을 받게 된다.

티볼트를 죽이고 나서 신부의 거처에 숨어 있던 로미오는 로렌스 신부에게서 그나마 다행스럽게도 정상이 참작되어 사형은 사형을 모면하고 만토바로 추방형을 받았다는 소식을 전해 듣는다. 하지만 로미오에게는 줄리엣이 있는 베로나만이 의미가 있을 뿐 줄리엣이 없는 곳은 세상 그 어디라도 살아 있는 의미가 없는 곳이었다. 줄리엣의 유모가 찾아와 근황을 전해주자 비로소 자신이 저지른 일이 얼마나 엄청난 것인지 깨달은 로미오는 사랑하는 여자의 사랑하는 사촌을 죽인 자신은 악마라며 자신 안의 악마를 죽여버리겠노라고 충동적인 자살 기도를 한다.

그리고 줄리엣 역시 아버지로부터 패리스 백작과의 결혼을 강요받자 죽음을 먼저 떠올린다. 그녀는 로렌스 신부를 찾아가기 전 혼잣말을 하며 마음을 다잡는다.

> 내가 죽어버린다면 누구도 나에게 결혼을 강요할 수 없지. 다른 방법이 없더라도, 나에겐 최후의 수단이 있으니까.

설상가상으로 어린 연인, 아니 어린 부부의 유일한 아군인 로렌스 신부는 마음씨는 좋지만 일처리에 있어서만은 무능하기 짝이 없다. 패리스 백작과의 결혼을 무슨 수를 써서라도 피해야 하는 줄리엣에게 이틀간 가사 상태를 유지할 수 있는 수면제를 주고, 줄리엣의 장례가 치러지는 동안 만토바로 사람을 보내 로미오를 몰래 데려와 둘을 만나게 하는 것이 신부의 계획이었다.

하지만 피라모스와 티스베가 그러했듯 세상 일이 어디 뜻대로 되던가. 신부에겐 계획이 어그러졌을 때 어떻게 수습해야 할지 플랜 B가 없었다. 신부가 로미오에게 쓴 편지를 들려 만토바로 보낸 동료는 미처 만토바에 가지 못했고, 로미오는 충복으로부터 줄리엣의 죽음을 전해 듣고 말았다.

줄리엣 없이는 살아도 사는 게 아니었던 로미오는 베로나로 돌아가기로 한다. 죽음을 결심한 것이다. 그는 약종상으로 가서 가장 약효가 강한 독약을 달라고 청한다. 로미오는 원하던 것을 손에 넣자 이렇게 말한다.

> 가자, 넌 내게는 그저 피로회복제일 뿐이다. 나와 함께 줄리엣의 무덤으로 가자. 거기서 너를 써야겠다.

캐퓰릿 가문 사람들이 묻히는 동굴 무덤, 아직 수면제의 약효가 남아 있는 줄리엣의 몸은 죽은 사람처럼 차다. 의심할 여지없이 죽은 사람이다. 로미오는 줄리엣의 차가운 입술에 입을 맞추고 망설임 없이 독약을 마신다.

줄리엣이 깨어난 것은 로미오의 심장이 멎은 다음이다. 가련한 연인들의 운명은 이처럼 안타깝게 엇갈린다. 줄리엣은 로미오를 따라가기 위해 그가 마신 약병을 더듬는다. 하지만 약병은 비어 있다. 다행히 그의 허리춤에는 단검이 매달려 있다.

> 오, 너는 행복한 단검이구나. 바로 여기가 네 칼집이 될 것이다. 너는 여기서 녹슬고, 나는 죽음으로 인도해다오.

줄리엣이 자신의 가슴을 찌르기 전, 단검에게 건넨 마지막 말은 로미오가 약종상에서 독약을 구입할 때의 말과 어쩐지 비슷하다. 줄리엣은 셰익스피어가 창조한 많은 여성 인물들 중에서 가장 주체적인 여성으로 평가되지만 그의 주체성이 그를 이끌어간 방향이 삶이 아니라 죽음이라는 것은 자주 간과된다. 왜 여성의 주체성은 죽음에의 의지에서 유독 도드라져 보이는지도 질문할 필요가 있지 않을까.

part 3

남자에겐 죽일 권리가 있었다

데스데모나

카르멘

아내

마타하리

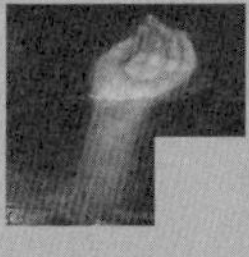

죄가 있다면
당신을 사랑하는 죄일 뿐

데스데모나 _ 윌리엄 셰익스피어 作,
〈오셀로〉 등장인물

"한 번만 더, 한 번만 더 키스하자.
죽었을 때도 이대로 있어다오.
난 그대를 죽이고 난 후에 그대를 사랑하리라.
한 번만 더, 이번이 마지막이다.
이토록 사랑스러운 것이
이토록 치명적인 적이 없었다.
눈물을 흘릴 수밖에 없지만,
이것은 잔인한 눈물이다. 이 슬픔은 천상의 것이니,
그것은 사랑하기 때문에 벌을 주는 것이다."

-《오셀로》 중 오셀로의 대사

저에 대해 있는 그대로 말씀해주십시오. 지혜롭게 사랑하지는 못했지만 너무나도 많이 사랑한 사람이었다고 말해주십시오. 쉽게 질투하지는 않았지만, 간계에 걸려 극단적으로 혼란에 빠진 사람이었다고요.

질투로 인해 아내 살해라는 끔찍한 범죄를 저지른 남편은 이 말을 마지막으로 칼로 자신을 찔러 스스로 목숨을 끊는다. 질투심에 사로잡혀 파멸로 치달아간 셰익스피어의 주인공 오셀로 이야기다.

순수한 애정이 치정에 의한 살인으로 변해가는 과정을 그려낸 이 멜로드라마를 통해 주인공 오셀로는 질투의 화신으로, 죽임을 당하는 아내 데스데모나는 순결한 희생자의 전형으로, 뒤에서 음모를 설계하고 지휘한 이아고는 악인의 상징으로 각인되었다.

초록 눈을 가진 괴물의 탄생

> 이제 됐어. 드디어 세상에 태어났군. 지옥과 밤이 틀림없이 이 끔찍한 놈의 탄생을 세상 빛 보게 해줄 거야.

오셀로를 비극의 주인공으로 만드는 '질투'라는 괴물의 탄생을 알리는 이아고의 독백은 어떠한 선언, 또는 예언처럼 들린다. 이아고는 오셀로를 따라다니며 그의 귀에 독을 흘려 넣듯이 끊임없이 의심을 불어넣는다. "하얀 암양을 올라탄 검은 숫양"이라는 평가가 말해주듯 오셀로와 데스데모나의 결혼은 당대 사회에서 있어선 안 될 부정한 결합이라는 시선이 지배적이었다.

'하얀 암양' 같은 순수한 감정의 소유자인 데스데모나는 오셀로의 꾸밀 줄 모르는 군인다운 강직한 성품에 반하지만 군을 통솔할 때는 훌륭하게 발휘되었던 강직함이란 미덕은 모두가 과분하다고 생각하는 아내와의 관계에서만큼은 도리어 약점이 된다. 오셀로는 술수를 부리거나 사람을 의심할 줄 모르는 강직한 성품이지만 그가 의심할 줄 모르는 사람의 범위에서 가장 먼저 이탈하는 사람은 아이러니하게도 그가 가장 사랑하는 아내였다. 이아고에게 오셀로의 강직함은 손쉽게 요리할 수 있는 먹잇감이었다.

셰익스피어의 비극에서는 정해진 운명을 벗어날 수 없는 그리스 비극의 주인공들과 달리 인간적인 약점 때문에 나락으로 떨어지는 인물들을 주인공으로 내세운다. 그리스 비극에서 아버지를 살해하고 어머니와 결혼할 운명이라는 신탁에서 벗어나기 위해 집을 떠난 오이디푸스가 끝내 피하지 못할 비극 한가운데로 휘말려 들어가는 것과 달리, 셰익스피어의 주인공들은 파국을 막을 기회가 있었음에도 그 기회를 살리지 못한다.

> 오 장군님, 질투를 경계하십시오. 그것은 초록색 눈을 가진 괴물입니다. 그놈은 자신이 먹어치우는 먹이를 조롱하지요. 자신의 운명을 확신하고 부정한 부인을 사랑하지 않는 오쟁이 진

> 남편은 행복하게 사는 겁니다. 하지만 오, 상대를 끔찍이 사랑하면서도 의심하고, 의심하면서도 열렬히 사랑하는 자는 얼마나 저주스러운 시간을 보내야 할까요!

이아고의 말은 질투를 경계하라는 충언처럼 들리지만 실제로는 오셀로를 향한 조롱에 가깝다. 그러나 질투에 사로잡혀 아내를 의심하기 시작한 오셀로는 이아고의 말에 절대적으로 의존하며 그가 꾸며낸 아내의 부정을 의심 없이 믿어버린다.

〈오셀로〉 외에도 셰익스피어의 작품에는 아내에 대한 의심으로 평정심을 잃어버린 남편들이 주인공으로 자주 등장한다. 〈심벨린〉이나 〈겨울 이야기〉, 또 결혼식장에서 신부에게 모욕을 주고 파혼을 통보하는 남자 주인공이 등장하는 〈헛소동〉 등이 그렇다. 셰익스피어는 명예가 더럽혀지거나 목숨까지 잃을 위험에 처한 여자 주인공에 대한 오해를 풀고 사랑을 완성하는 것으로 이들 작품의 결말을 짓는다. 작중에서 여자 주인공의 명예나 목숨의 무게는 남자 주인공의 오해만큼 무겁지 않다.

언급한 작품들과 달리 〈오셀로〉가 비극으로 끝나는 것

은 단연 이아고라는 인물의 존재 때문이다. 셰익스피어는 오셀로와 적대적인 입장에 서서 그를 파멸시키려고 하는 이아고에게 두 가지 동기를 부여하고 있다. 하나는 이아고가 부관 승진에서 미끄러져 기수 자리에 계속 머물러 있어야 한다는 표면적인 이유로, "나는, 제기랄, 그 무어 놈의 기수란 말이오" 같은 대사에는 좌절당한 남자의 분노와 적개심이 실려 있다. 또 하나의 동기는 좀 더 내밀한 심리적인 이유로, 그는 자신의 아내 에밀리아와 오셀로의 관계를 다음과 같이의심하고 있다.

> 그 음탕한 무어 놈이 내 마누라를 올라탄 것으로 의심되거든. 그리고 그 생각은 독약처럼 내 속을 갉아먹어, 마누라 대 마누라로 그놈에게 똑같이 복수하지 않고선 도저히 만족할 수가 없고, 만족하지도 않을 거야. 혹시 그렇게 하는 데 실패하더라도, 적어도 무어 놈을 지독한 질투심에 사로잡히게 해서 분별력이 소용없게 만들어야지.

이아고가 놓은 덫에 빠지게 될 오셀로가 "상대를 끔찍이 사랑하면서도 의심하고, 의심하면서도 열렬히 사랑하는" 남편이 될 운명이라면, 그 자신은 "자신의 운명을 확신하고 부정한 부인을 사랑하지 않는 오쟁이 진 남편"이다. 이아고는 데스데모나와 오셀로의 부관 캐시오가 부적절한 관계를 맺고 있다는 거짓말로 오셀로의 영혼을 갉아먹기 시작하는데, 그는 "캐시오 놈도 내 잠옷을 입은 것 같으니까 말이야"라고 말하면서 아내와 오셀로뿐만 아니라 아내와 캐시오의 관계 또한 의심하고 있다.

그는 부정을 저지른 것으로 의심되는, 사랑하지도 않는 아내를 내치는 것으로 자신의 명예를 지키는 것이 아니라, 아내의 간부(심지어 오셀로가 아내의 간부라는 것은 어떤 그럴듯한 정황도 제시되지 않는 이아고 자신의 의심일 뿐이다)에게 똑같은 고통을 돌려주어 복수하는 쪽을 택한다. 오셀로의 질투를 발아시킨 토양은 이아고의 근거 없는 의심이었다. 그리고 이 근거 없는 의심은 오셀로를 파멸시키기 전, 오셀로의 죄 없는 아내가 살해되는 파국으로 치닫는다.

셰익스피어의 희곡을 원작으로 한 베르디의 오페라 〈오텔로〉 2막에 나오는 아리아 '나는 잔인한 신을 믿는다(Credo in un Dio crudel)'는 이아고가 오셀로에 대한 복수를 다짐하며 부르는 노래다. 오페라에서 가장 사랑받는 곡 중 하나인 이

노래는 가사를 음미하며 들으면 더욱 등골이 오싹해지는 느낌이 든다.

> 가라! 네 말로가 환히 보이는구나.
> 넌 악마에게 걸려들었어. 그 악마는 바로 나.
> 나는 나의 신을 따르지. 내가 믿는 냉혹한 신을.
> 자신과 닮은 모습으로 나를 창조하신 잔인무도한 신,
> 난 내가 분노라고 명명한 그 신을 믿는다.
> 나는 비열함의 싹으로부터, 비겁한 원자로부터 태어났다.
> 나는 인간이기에 사악하다.
> 그리고 내 안에 태초의 악이 있음을 느낀다.
> 그래! 이것이 바로 나의 신념!

음모의 첫 단계로, 이아고는 자신의 농간에 빠져 부관직을 잃게 된 캐시오를 위로하는 척하며 데스데모나에게 가서 복직을 부탁해보라고 권유한다. 캐시오가 자신의 말을 따르자 이아고는 음흉한 미소를 지으며 자신을 악마라고 선언하는 위의 노래를 부르는데, 이아고의 이 악마적 광기는 비극을 추동하는 엔진이 되어 오셀로를 절벽 끝으로 몰아간다.

이처럼 스스로를 악마라 칭하며 범죄를 획책하는 이아고의 모습에서 "악마의 삶을 멈춰주셔서 감사하다"며 스스로를 악마라고 불렀던 조주빈이 겹쳐지는 것은 왜인가? 이 '악마 되기'의 역사가 그만큼 유구하다는 살아 있는 증거라도 되는 것일까?

아버지를 속인 여자는 남편도 속일 수 있다

작품의 배경이 되는 15세기의 베니스는 아프리카인 혹은 무어인 해적들과 터키인들의 약탈에 시달리고 있었다. 그런 베니스에서 영주의 신망이 두터운 무어인 장군이라는 존재는 매우 이채롭다. 베니스가 싸워야 하는 적들과 같은 외모를 한 채 베니스를 지키는 영웅이라는 오셀로의 위치는 태생부터가 매우 아이러니하다.

게다가 그는 전투에서 용맹을 떨치고 그에 따른 보상으로 영주의 딸과 결혼하는 그런 흔한 영웅담의 주인공이 아니다. 그가 데스데모나를 아내로 맞게 된 것은 결과적으로 그의 무용 덕분이라고 할 수 있지만 결혼의 매개가 된 것은 집안 간의 이해가 배제된 두 사람 간의 사랑이었다. 그리고 '베니스의 무어인 영웅'이라는, 오셀로를 수식하는 이 어울리지 않는 단어들의 조합은 베니스 명망가의 딸 데스데모나와의 결혼을 통해 한 인간의 영혼을 파괴할 수 있는 잠재적인 힘을 갖게 되었다.

극 초반 남편에 대한 사랑과 존경을 숨기지 못하는 순진한 데스데모나의 모습은 그의 비극적인 죽음과 대비되어 감정의 낙차를 키운다.

> 제 마음은 장군님의 있는 그대로의 성품 그 자체에 매료되었습니다. 저는 오셀로 장군의 마음속에서 그분의 얼굴을 보았습니다. 그리고 그분의 명예와 용감한 기질에 제 영혼과 운명을 바쳤습니다. 그러니, 친애하는 의원님들, 저만 뒤에 남아서 평화를 누리고 그분은 전쟁터에 가신다면, 저는 그분과의 사랑을 통해 누릴 기쁨을 빼앗기게 됩니다. 그리고 저는 그분이 없는 동안 힘든 시간을 보내야 할 것입니다. 저도 장군과 함께 가게 해주십시오.

오셀로를 사이프러스로 파견하는 결정을 내리기 위해 소집된 의회에서 안락한 아버지의 집에 머물기를 마다하고 남편을 따라 거친 전장에 함께하겠다는 데스데모나의 말은 의원들의 마음을 감동시킨다. 남편을 사랑하는 데스데모나에게 그와 떨어진다는 것은 상상할 수 없는 일이다. 처음에 그를 사로잡은 것은 오셀로가 겪은 흥미로운 모험담이었지만 점차 그는 오셀로의 용맹함, 겸손, 유려한 마음씨에 마음을 빼앗긴다.

데스데모나는 아버지의 허락을 구하기도 전에 오셀로와 결혼식을 올리는 대범함을 보이고 이를 캐묻는 아버지를 향해 이제는 아버지의 딸이기보다 남편을 가진 여인이니 오셀로를 따라야 한다고 대답한다(남편 오셀로를 따라야 한다는 데스데모나의 이 대답을 셰익스피어의 또 다른 작품 〈말괄량이 길들이기〉와 겹쳐보자). 신중한 오셀로가 데스데모나의 마음에 확신을 갖지 못하고 머뭇거리던 것과는 달리 데스데모나는 사랑 앞에 주저함이 없다. 그는 사랑하는 사람이 있다면 그에게 이야기를 들려주라고, 그것이 사랑을 고백하는 방법이라고 말하며 오셀로의 구애를 유도한다.

둘의 사랑은 잠시의 떨어짐도 견디지 못하는 애틋한 것이지만, 달리 생각해보면 떨어져 있는 것이 그토록 불안할 정도의 허약하기 짝이 없는 사랑이다. 데스데모나의 사랑은 남편인 오셀로를 포함해 의회의 모든 사람을 감동시켰지만 단 한 사람의 예외가 있었으니, 그의 아버지 브러밴쇼다. 브러밴쇼가 "그애는 아비를 속였으니, 자네도 속일 수 있겠지"라며 냉소적인 반응을 보이자 사랑에 빠진 신혼의 남편 오셀로는 "아내의 정절에 제 목숨을 걸겠습니다"라고 답한다.

오셀로가 앞 장의 로미오와 다른 점은 로미오는 자신의 사랑에 목숨을 걸었다면 오셀로는 아내의 정절에 목숨을 걸고 있다는 점이다. 산이 높으면 골짜기도 깊은 법이라지만, 목숨을 걸 정도로 두터워 보이던 오셀로의 신뢰가 깨어지기까지 걸린 시간은 너무도 짧다. 셰익스피어는 인간의 사랑, 혹은 믿음이 그토록 찰나적이라고 말하고 싶었던 것일까. 그렇다면 여기서 그의 '인간'이 '남성'의 모습을 하고 있다는 점을 짚고 넘어가야 할 것 같다.

여자들은 정조를 갖고 있지도 않으면서 가진 척한다

셰익스피어가 구축한 세계의 여자 주인공들은 고결하고 아름다운 여성들이지만 맥베스 부인이나 줄리엣 정도를 제외하면 남성에 의해 파국을 맞는 수동적인 인물들이다(드물게 주체적인 존재로 그려지는 맥베스 부인도, 줄리엣도 결말에 이르러 스스로의 목숨을 거두는 비극의 주인공들이라는 점을 기억하자). 이아고의 목적은 오셀로를 파멸시키는 것이지만 그가 타깃으로 삼은 인물은 오셀로가 아니라 데스데모나다. 데스데모나를 중심으로 전행되는 그 음모 안에서 데스데모나 자신은 철저히 소외되고 주변부로 밀려나 있다. 비극이 일어나는 순간까지 그는 아무런 잘못도 없거니와 아무것도 모르는 무구한 상태를 유지한다. 그는 농간에 걸려 죽음을 맞는 비련의 주인공임에도 이 비극은 데스데모나가 아니라 완벽하게 오셀로의 것이다.

오셀로에게 손찌검을 당하고도, 사랑하는 남편의 입에서 나온, 차마 입에 담기도 참혹한 '창녀'라는 말을 듣고도 데스데모나는 반격하지 않는다. 오히려 "내가 이런 취급을 받는 것은 당연해. 참으로 당연해. 내가 어떻게 행동을 해 왔기에, 그분이 나의 작은 실수에 대해서조차 꼬치꼬치 의심을 하시는 걸까?"라며 자기 자신에게서 원인을 찾는 데스데모나의 태도는 답답할 정도로 순응적이다.

앞서 아버지의 명령이 아닌 자신의 의지에 따라 오셀로를 선택하고 출정 명령을 받은 오셀로를 따라 함께 전장으로 나서는 데스데모나를 기억하는 독자들에게 이렇듯 수동적인 모습은 매우 실망스럽다. 베니스를 떠난 뒤 데스데모나는 남편의 보호와 아량이 필요한 수동적인 여성이 되어버린다. 그는 저항하지도 피하지도 않고 예정된 비극을 그저 조용히 눈감고 기다린다.

〈오셀로〉의 원작이 된 잠바티스타 지랄디의 《에카토미티》에서는 아내와 부관 사이의 부정의 증거로 편지가 사용되는데, 셰익스피어는 이를 손수건으로 바꾸었다. 발신인과 수신인을 꾸며낼 필요가 없는 손수건은 부정의 증거물로 사용되기에 좀 더 용이하고, 오셀로가 어머니에게서 물려받은 소중한 물건이라는 스토리가 더해지면서 불륜은 더욱 용서할 수 없는 무게로 데스데모나를 짓누른다.

> 질투에 빠진 사람들은 그렇게 생각하지 않을 거예요. 그들은 이유가 있어서 질투를 하는 것이 아니라 원래 질투심이 있어서 질투하는 거예요. 질투는 저절로 잉태되고 저절로 태어나는 괴물이거든요.

데스데모나의 시녀이자 이아고인 아내인 에밀리아의 말

은 의미심장하다. 그는 자신의 남편이 오셀로의 질투심에 불을 붙이고 있다는 것은 꿈에도 모르고 있다. 그뿐 아니라 남편이 이 같은 일을 꾸미게 된 근본적인 동기가 자신과 오셀로 사이를 의심해서라는 것도 알지 못한다. 그리고 극의 마지막에 이르러 모든 진실을 알게 된 에밀리아는 남편의 음모를 폭로하고 남편 손에 목숨을 잃음으로써 데스데모나와 같은 운명을 맞는다.

오쟁이 진 남편들은 아내의 목숨을 취하는 것으로 부정에 대한 심판을 내리는데, 그것으로 본인이 얻는 것은 아무것도 없음에도 심판을 중단할 수 없을 만큼 그들은 마음의 중병을 앓고 있다. 이 남편들은 마음의 중병을 앓을 뿐이지만 그의 아내들은 그로 인해 목숨을 내놓아야 한다는 점에서 이는 아내들 개인의 비극이 아니라 가부장제 내 여성들의 비극으로 수렴된다.

> 정조란 눈에 보이지 않는 것입니다. 여자들은 그걸 갖고 있지도 않으면서 가진 척하죠.

오셀로의 질투보다 뿌리가 깊은 것은 이아고의 여성혐오

다. 부정한 아내를 의심하면서도 여전히 사랑하는 오셀로의 분노는 불처럼 걷잡을 수 없이 뜨겁고, 부정한 아내를 사랑하지 않는 이아고의 증오는 얼음처럼 차고 서늘하다. 물론 이 '부정한 아내'가 끝내 근거 없는 망상에 지나지 않는다는 점에서 오셀로의 분노와 이아고의 증오는 온도만 다른 쌍둥이들이다. 이아고에게 있어 눈에 보이지 않는 정조란 아예 처음부터 존재하지 않는 것이었는지도 모른다.

사랑하기 때문에 벌을 주는 것

> 오, 향기로운 숨결, 정의의 여신마저도 그의 칼을 부러뜨리고 싶을 것이다! 한 번만 더, 한 번만 더 키스하자. 죽었을 때도 이대로 있어다오. 난 그대를 죽이고 난 후에 그대를 사랑하리라. 한 번만 더, 이번이 마지막이다. 이토록 사랑스러운 것이 이토록 치명적인 적이 없었다. 눈물을 흘릴 수밖에 없지만, 이것은 잔인한 눈물이다. 이 슬픔은 천상의 것이니, 그것은 사랑하기 때문에 벌을 주는 것이다.

마침내 아내를 살해할 의도로 데스데모나의 침실에 들어

선 오셀로는 잠든 아내에게 키스하고 나서 이렇게 중얼거린다. 앞에서 언급한 이아고의 대사처럼, 오셀로는 "상대를 끔찍이 사랑하면서도 의심하고, 의심하면서도 열렬히 사랑하는" 남편으로 끝까지 남는다. "사랑하기 때문에 벌을 주는 것"이라는 그의 말처럼, 오셀로는 사랑하기 때문에 데스데모나를 죽이는 것이다. 오셀로를 배신한 적이 없다고 말하며 "죄가 있다면 그건 당신을 사랑하는 죄일 뿐"이라고 말하는 데스데모나에게 오셀로는 "그것 때문에 당신은 죽는 거야"라고 다시금 반복한다.

오셀로의 질투는 사랑이 끝나야 사라질 수 있는 것이기에 이 논리에 따르면 사랑을 끝내기 위해서는 아내를 죽이는 수밖에 없다. "죽이고 난 후에 그대를 더 사랑하리라"는 오셀로의 고백은 매우 황당하지만 오셀로 자신의 망상 속에서는 완벽한 논리를 갖는다.

'죽이고 나서 더 사랑할' 시간이 오셀로에겐 많지 않았다. 그는 이아고가 꾸민 음모에 놀아난 꼭두각시였고, 아내 살해라는 끔찍한 비극으로 몰아간 질투심 역시 전적으로 그에게서 우러난 감정은 아니었다. 셰익스피어는 오셀로가 자신의 목숨을 끊어 자신에게 벌을 주게 함으로써 그에게 다시 제 감정의 주인이 되는 자격을 부여하고, 이로써 오셀로는 질투하는 자가 아니라 사랑하는 자로 돌아가게 된다.

> 당신을 죽이기 전에 당신에게 키스를 했지. 이 길밖에는 없소. 스스로 목숨을 끊으며 키스하면서 죽는 수밖에.

데스데모나는 '남편을 사랑한 죄'로 남편의 손에 죽었고, 오셀로는 아내를 살해한 남편을 죽여 복수를 완성했다. 살인의 동기는 모두 '사랑'이었다. 한 남자의 영혼을 좀먹어갔던 질투는 사랑을 죽이고 나서야 겨우 종결되었다. 그리고 이 사랑 안에서 사랑받고 오해받고 마침내 살해당하며 철저히 객체화된 아내는 오직 남편의 비극을 위해서만 존재한다.

당신을 다시 사랑하는 건 불가능해

카르멘 _ 프로스페르 메리메 作,
《카르멘》 등장인물

"당신은 나를 사랑하지.
그리고 그 때문에 나를 죽이려고 해.
나는 아직도 당신한테 얼마간의 거짓말을 할 수 있을 거야.
하지만 그러고 싶지 않아. 우리 사이는 이제 끝났어.
당신은 나의 롬이니 나를 죽일 권리가 있어.
하지만 카르멘은 언제나 자유로울 거야.
보헤미안으로 태어나서 보헤미안으로 죽을 거야."

- 《카르멘》 중 카르멘의 대사

집시가 '자유인'이라는 환상

유럽 사람들은 집시가 이집트에서 왔다고 생각했다. '집시(gypsy)'라는 단어는 이집트인을 뜻하는 'Egyptian'에서 첫 글자 'E'가 소실되어 굳어진 말로, 위고의 《파리의 노트르담》에도 주인공인 집시 에스메랄다를 '이집트 아가씨'라고 부르는 표현이 등장한다.

하지만 학자들에 따르면 집시들은 9~10세기경 인도 북서부의 펀자브 지방에서 새로운 삶의 터전을 찾아 이동을 시작한 유랑민들이라고 한다. 인도를 떠난 이들은 실크로드를 따라 흑해 연안까지 도달했는데, 여기서 몇몇 소그룹으로 흩어져 몇 세기 동안 비잔틴 제국을 비롯하여 루마니아 일대를 떠돌며 살았다. 이들은 경멸적 의미가 담긴 '집시'라는 명칭 대신 자신들을 가리키는 '롬(Rom)' 혹은 '로마(Roma)'라는 단어는 '인간', '남자'를 의미한다.

집시라고 하면 우리는 흔히 어디에도 정착하지 않고 누구에게도 구속되지 않은 채 춤추고 노래하며 살아가는 자유분방한 생활을 떠올린다. 실제로 집시는 한국과 일본, 그린란드 등지를 제외한 전 세계 곳곳에 흩어져 살며 특히 무용과 음악에 커다란 영향을 미쳤다. 스페인의 플라멩코, 헝가리의 바이올린, 발칸 반도의 브라스밴드, 러시아의 로망스 등이 대표적이다. 국악기의 하나인 양금은 고대 인도에서 사용하던 현악기로, 이는 집시들의 악기인 산투르를 개량한 것이다.

하지만 집시의 자유로운 예술혼은 사회 계급구조에서 최하단에 위치해 온갖 핍박과 천대를 받으며 살아가는 최하층민들에게 허락된, 인간으로서 누릴 수 있는 유일한 사치였다. 사회적 안전망에서 벗어나 있는 처지인 그들에게는 내일에 대한 기대 같은 것이 존재하지 않았고, 따라서 약속이나 의리 같은 것은 무의미했다. 비슷하게 백안시되는 존재들이었던 유대인과는 달리 집시는 자신들을 보호할 수 있는 경제력을 갖지 못한 채 사회에서 암적인 존재로 취급되었다.

중세에는 마녀사냥의 대상으로 몰려 화형당하거나 생매장당하기 일쑤였고, 정착한 집시는 농노제에 묶여 노예보다도 못한 삶을 살았다. 20세기 들어서는 나치에 의한 유대인 학살과 더불어 집시에 대한 대대적인 '인종 청소'가 일어났다. 1990년대 유고 내전 시기에도 집시는 세르비아군의 표적이 되어 당시 발칸 반도에 머물러 있던 50여만 명의 집시들이 서유럽으로 탈출하는 대이동이 일어나기도 했다.

집시에 대한 동경은 정주하지 않고 세계를 떠도는 '자유인'. 이미지에 집중되어 있지만 실제로 집시의 역사를 살펴보면 그들에게는 이동의 자유가 있었다기보다 정주의 자유가 없었다고 말하는 편이 옳다. 집시에게서 영향을 받은 예술의 후광도 그들을 더 낭만적이고 신비로운 존재로 만드는 데 일조한다.

한국에도 사당패와 같은 유랑예인집단이 다수 존재했고 바우덕이 같은 걸출한 남사당 예인이 있었음에도 이들의 예술에 대해서는 큰 관심이 없는 걸 보면 우리가 집시를 지나치게 낭만화 혹은 신비화하고 있는 건 아닌지도 생각해볼 일이다. 정주의 자유가 없었던 그들의 삶을 자유롭게 세계를 떠돌며 살았다고 동경하는 것이야말로 박완서의 《도둑맞은 가난》에 나오는 것처럼 가난한 자에게서 그 가난마저 훔치려는 부자의 기만이 아닐까.

담뱃공장에서의 잘못된 만남

태어난 마을을 떠나서 살아가는 일 없는 토착민들에게 집시는 근본을 알 수 없는 위험한 존재였다. 그들은 전통 수공예품을 만들어 팔거나 타로로 점을 봐주는 것으로 생계를 유지했고, 직업을 가지려 해도 그들에게 허락된 것은 토착민들이 꺼리는 사회 밑바닥 직업 정도에 불과했다. 오페라의 주인공으로 더 잘 알려진 카르멘이 탬버린과 캐스터네츠를 들고 춤추지 않고 담배공장에서 일했던 것은 담배공장에서의 노동이 그만큼 힘들고 천대받는 일이었기 때문이다.

그는 스페인을 떠나 신대륙으로 가서 정착해 살자는 호세의 제안을 거절하며 이렇게 말한다. "우리는 양배추나 심자고 태어난 사람들이 아니야. 우리는 이방인들의 돈으로 살 팔자야." 정직한 소출을 기대할 수 있는 농사가 아니라 담배공장의 임금노동으로 이방인들이 지급하는 돈을 받거나 밀수, 강도짓 등을 돈을 훔쳐 하루하루를 이어가는 것이 집시의 삶의 방식이었다.

> "호세, 당신은 나한테 불가능한 걸 요구하고 있어. 나는 더 이상 당신을 사랑하지 않아. 당신은 나를 사랑하지. 그리고 그 때문에 나를 죽이려고 해. 나는 아직도 당신한테 얼마간의 거짓말을 할 수 있을 거야. 하지만 그러고 싶지 않아. 우리 사이는 이제 끝났어. 당신은 나의 롬이니 나를 죽일 권리가 있어. 하지만 카르멘은 언제나 자유로울 거야. 보헤미안으로 태어나서 보헤미안으로 죽을 거야."

카르멘이 호세에게 남긴 마지막 대사다. 《카르멘》은 자신이 지닌 치명적인 매력으로 유혹한 남자를 파멸시키는 팜므파탈의 이야기로 널리 알려져 있는데, 이를 뒤집어 순정을 다 바쳤지만 배신당하고 살인자로 전락하는 한 순진한 남자의 이야기로 인식되기도 한다. 어느 쪽 렌즈로 작품을 들여다보건 간에 '나쁜 여성의 유혹에 넘어간 죄 없는 청년이 살인자가 되어 인생을 망치는 이야기'로 수렴되기는 마찬가지이고,

이때 망쳐진 인생의 주어는 살해당하는 카르멘이 아니라 살해하는 호세이다.

열정과 질투와 살인의 이야기인 《카르멘》은 비제의 오페라가 워낙 유명한 탓에 원작 소설의 존재에 대해 모르는 사람도 많은데, 원작자인 프로스페르 메리메는 낭만주의 시대에 고전주의를 되살렸다는 평가를 받으며 활발한 작품 활동을 했지만 그의 업적은 문학보다는 역사학에서 더욱 빛을 발해 오늘날 《카르멘》 외의 작품은 거의 전해지지 않는다.

메리메는 1830년과 40년 두 차례에 걸친 스페인 여행을 바탕으로 1845년 잡지 〈르뷔 데 되 몽드〉에 소설 《카르멘》을 발표했다. 소설의 배경이 되는 1820년대, 스페인은 물론 유럽 전역에서는 식민지 전쟁을 통해 남미의 원주민으로부터 입수하게 된 담배라는 새로운 기호품에 매료되어 곳곳에 담배공장을 짓는 것이 유행이었다.

늘어난 담배공장은 필요한 노동력에 비해 늘 일손이 부족했다. 정숙한 처신이 요구되었던 여염집 아내나 딸들에게 담배공장 노동은 너무도 천하고 불결한 일이었다. 대문에 담배공장에서 일할 수 있는 여성들은 가난한 하층민 계급의 딸, 혹은 생계를 책임져줄 가장을 잃은 과부나 무능한 남편을 둔 유부녀, 그도 아니면 집시 여자들이었다.

제대로 된 통풍장치도 없는 작업장에서 온종일 담뱃잎을 말아야 하는 여성 노동자들은 이중고에 시달렸다. 한여름에 통풍도 환기도 되지 않는 열악한 공간에서 쉬는 시간도 없이 노동에 임하면서, 그 때문에 옷을 거의 벗은 채 일하는 동안 남성 감독관들의 성희롱에 무방비로 노출되었다. 희망 없는 하루하루를 살아가는 집시 카르멘과 착실한 군인이었던 돈 호세의 만남은 처음부터 잘못된 만남이었던 것이다.

사랑하는 여자를 독차지하고 싶었을 뿐

카르멘, 제발 들어봐요. 당신이 나에게 던져준 꽃을 나는 감옥에서도 간직하고 있었다오.
마르고 시들었지만 이 꽃은 달콤한 향기를 계속 품고 있었소.
난 몇 시간이고 눈을 감고 그 향기를 맡았고 밤이면 당신을 떠올렸다오.
난 당신을 저주하고 미워하고 왜 운명이 나를 당신과 만나게 했는지 나 자신에게 묻기도 했소.
그러자 당신을 욕한 것이 후회됐고, 카르멘, 당신을 다시 보고

> 싶다는 오직 한 가지 바람, 오직 하나의 희망만이 솟구쳤다오.
> 그래요, 당신은 단지 모습을 보이고 눈짓 한번 하는 것으로 충분하다오, 나의 모든 것을 갖기 위해서는.
> 오 나의 카르멘. 나의 모든 것은 당신 것이오. 카르멘, 사랑하오.

이 열정 가득한 고백은 오페라에서 호세가 자신이 감옥에 있는 동안 카르멘을 얼마나 그리워했는지 토로하며 부르는 '당신이 내게 던진 이 꽃은(La fleur que tu m'avais jetée)'이라는 노래로, 원 제목보다 '꽃노래'로 더 잘 알려져 있다. 카르멘은 공장의 다른 여공과 싸움을 하다 감옥으로 끌려가는 신세가 되는데, 자신을 호송해가던 군인 호세를 유혹해 탈출에 성공한다. 카르멘을 놓친 호세는 직무 태만으로 감옥에 갇히는 몸이 되지만 그를 가둔 것은 감옥보다 더 무서운 카르멘의 매력이다.

오페라가 워낙 유명하고 또 인물들의 감정을 전달하는 아리아들이 너무도 절절해서 《카르멘》을 음악 없이 책으로만 읽는 것은 이제 밋밋하고 심심한 경험이 되었지만 아이러니하게도 이 전 세계에서 가장 인기 있는 오페라 중 하나로 꼽히는 작품을 작곡한 비제는 살아 있는 동안에는 작품의 성공을 보지 못했다.

1875년, 소설이 발표된 지 30년이 지나고 비제는 파리의 오페라 코미크 극장에서 오페라 〈카르멘〉을 무대에 올렸다. 오페라는 석 달 동안 37회나 공연되었지만 정작 관객들에게는 그리 큰 호응을 이끌어내지 못했다. 당대의 관객들은 사랑을 위해 자신을 희생하는 이탈리아 오페라의 가련한 주인공에게 익숙해져 있었다.

이처럼 기분 내키는 대로 남자를 유혹하고 싫증이 나면 다른 대상을 찾고 도둑질이나 사기, 살인에 대해서도 아무 죄책감을 느끼지 못하는 이 대담한 주인공은 받아들이기 어려운 여성상이었다(폐쇄적이고 가부장적인 대가족 공동체를 유지하며 조혼 등과 같은 전통 생활양식을 고집하고 여성에게 혼전 순결을 강요하는 집시들의 문화 속에서 카르멘 같은 자유를 외치는 여성은 그 존재만으로도 비극이 예고된 것이나 다름없다).

관객들의 반응은 냉담했지만 드뷔시, 생상스, 브람스, 차이콥스키 등의 음악가들은 이 작품에 환호했다. 특히 철학자 니체는 이 작품을 스무 번이나 볼 정도로 강하게 매료되었다. 카르멘과 호세의 사랑은 오페라 관객들이 사랑하는 이탈리아 오페라의 그것처럼 눈물과 희생이 동반되는 순정적인것이 아니다. 파괴적인 집착과 자기밖에 모르는 욕망, 내일은 존재하지 않는 듯한 찰나적인 열정……. 가식이나 위선 따위는 찾아볼 수 없이 상대방을 미워하고 증오하며 마음의 저 밑바닥에서부터 뿜어져 나오는 감정을 꾸미지 않고 솔직하게 분출하는 이들의 사랑을 니체는 지극히 자연스러운 본능으로 이해했다.

메리메의 원작은 오페라로 각색되면서 일부 내용이 생략되거나 바뀌고 순화되었다. 메리메가 그려낸 인물들은 오페라보다 훨씬 거칠고 무자비하다. 호세는 젊은 시절 고향에서 우발적으로 살인을 저지르고 세르비아로 가서 군에 입대한 인물인데, 카르멘을 만나고 난 뒤 살인은 그의 일상이 된다. 군인 신분이던 그가 집시 무리에 합류하게 된 것도 카르멘과 어울리던 장교를 살해했기 때문이다. 감옥에 있던 카르멘의 남편 가르시아가 출소하자 호세는 가르시아를 죽이고 카르멘을 아내로 삼는다. 하지만 카르멘의 남편이 되었다고 해서 그를 독점할 수 있는 것은 아니다. 필연적으로 사랑은 질투를, 질투는 살인을 불러온다.

그가 화살처럼 빠르게 덤벼들었습니다. 저는 왼발을 축으로 몸을 틀었고, 그는 허공을 찌르고 말았습니다. 저는 그의 목을 찔렀지요. 칼이 어찌나 깊숙이 들어갔던지 제 손이 그의 턱밑에 이를 정도였습니다. 저는 칼날을 세차게 비틀었습니다. 칼이 부러졌습니다. 싸움은 끝났습니다. 부러진 칼날이 팔뚝처럼 굵게 솟구치는 피에 밀려 다시 튕겨져 나왔습니다. 그는 땅에 코를 박으며 말뚝처럼 뻣뻣하게 엎어졌습니다.

"무슨 짓이야?" 단카이레가 말했습니다.

"들어봐. 우리는 함께 살 수 없었어. 나는 카르멘을 사랑하고, 독차지하고 싶었어. 게다가 가르시아는 악당이야. 불쌍한 레멘다도에게 한 짓을 생각해봐. 우리는 이제 둘밖에 안 남았지만 우린 좋은 친구야. 자, 나를 평생토록 죽을 때까지 친구로 생각해주겠나?"

호세가 가르시아를 죽이는 장면은 마치 투우의 마지막 장면을 연상케 한다. 호세는 카르멘의 유일한 남자가 되기 위해서는 가르시아를 죽일 수밖에 없었다고 강변하지만 이 장면을 처음부터 끝까지 지켜보고 있던 단카이레의 생각은 다르다. 단카이레는 "빌어먹을 사랑! 만약 자네가 그에게 카르멘을 달라고 했으면 그는 1피아스터에 팔았을 거야"라며 혀를

끌끌 차는데, 호세에게 사랑이 살인을 해서라도 지켜야 할 어떤 것이라면 집시들에게 사랑이란 변덕스러운 여러 가지 감정 중 하나일 뿐이다.

호세에게 살해당하기 전, 카르멘의 남편인 가르시아에게 결혼의 가치는 1피아스터와 맞바꿀 수 있는 정도에 불과했고, 이는 아내로서의 카르멘의 가치와 동일했다. 1피아스터에 카르멘을 팔아넘길 수 있는 남자 가르시아와 카르멘을 차지하기 위해 살인도 불사하는 남자 호세. 카르멘을 화폐 취급하는 가르시아보다 카르멘을 얻고자 한 사람의 목숨으로 값을 치르는 호세가 더 낫다고 해야 하는 걸까. 굳이 두 남자를 비교하며 우열을 가리는 게 아니라 두 남자 모두와 결별하는 편이 낫지 않을까. 물론 카르멘은 그러려고 했다. 그러기엔 호세가 이미 치른 목숨값, 그러니까 카르멘으로 인해 살인자가 되어버린 그 자신의 인생을 도저히 매몰비용으로 치부할 수 없었다는 것이 문제였다.

당신을 다시 사랑하는 건 불가능해

카르멘은 '눈짓 한 번'으로 한 남자의 전부를 가질 수 있었지만, 그것이 얼마나 엄청나고 무서운 일인지는 알지 못했다. 애초에 카르멘은 호세가 자신에게 바치고자 했던 '나의 모든 것'을 요구한 적이 없었다. 카르멘에 대한 사랑이 커갈수록 호세의 집착도 강해지지만 카르멘은 그런 호세를 부담스러워하며 새로운 애인에게로 눈길을 돌린다. 그의 사전에 정조나 의리 같은 건 없는 단어였다.

호세가 자신을 죽이리라는 것을 알면서도 카르멘의 선택에는 망설임이 없다. 사랑이 여러 감정 중 하나인 것처럼 사랑의 대상 역시 그 순간 자신의 마음을 빼앗는 사람으로 얼마든지 대체될 수 있는 카르멘과 달리, 바스크 출신인 호세는 그렇지 못했다. 앞으로 나아가던 인생의 행로를 틀어 카르멘을 택한 그의 사랑은 인생 전체와도 맞바꿀 수 있는 거대한 무엇이었다.

> "당신을 다시 사랑하라고? 그건 불가능해. 나는 당신과 같이 살기 싫어."
> 참을 수 없는 분노가 저를 사로잡았습니다. 저는 칼을 빼 들었습니다. 카르멘이 두려워하길, 제게 애원하길 바랐습니다. 하지만 그 여자는 악마였습니다.

"마지막으로 말하지. 나와 함께할 테야?"

"아니! 아니! 아니!" 카르멘이 발을 구르며 소리쳤습니다.

그는 손가락에서 제가 준 반지를 빼내더니 덤불 속으로 홱 던졌습니다.

저는 그를 두 번 찔렀습니다. 부러진 내 칼 대신 애꾸눈에게서 빼앗은 칼이었습니다. 두 번째 가격에 그는 비명도 없이 쓰러졌습니다. 물끄러미 저를 바라보던 커다란 검은 눈이 아직도 눈에 선합니다. 그 눈은 혼란스러워지더니 마침내 감겼습니다.

카르멘의 죽음을 가장 극적으로 묘사한 것은 안무가 롤랑 프티의 손에서 재탄생한 발레 〈카르멘〉이다. 투우경기장 장면에서 카르멘과 호세는 마지막으로 격렬한 다툼을 벌인다. 빨라지고 커지는 타악기의 연주가 긴박감과 불안감을 고조시키고, 두 사람의 싸움은 마치 투우사와 황소가 벌이는 혈투처럼 보인다. 카르멘은 자기 앞에 닥쳐온 죽음을 예감하면서도 피하지 않고 앞으로 돌진한다. 호세의 칼이 카르멘을 찌르고, 그는 호세의 품에 안겨 숨을 거둔다. 카르멘은 풍차를 향해 돌진하는 돈키호테처럼, 물러서지 않는 황소처럼 호세의 칼을 피하지 않고 정면으로 달려간다. 죽음을 향해. 죽음과 맞서는 카르멘의 모습은 당당해서 더욱 아름답지만, 호세의 사랑을 거부할 수 있는 방법이 죽음밖에 없었다는 점에서 매우 처연하고 체념적이기도 하다.

심리학자 로버트 존슨은 《당신의 그림자가 울고 있다》에서 사랑을 '1만 볼트짜리 전력을 끌어들이는 것'으로 정의한다. 보통 사람이 유지하고 감당할 수 있는 에너지를 110볼트로 볼 때 우리의 연약한 마음으로는 이렇게 엄청난 과부하를 감당할 수 없다. 사랑이 가져오는 1만 볼트의 충격을 흡수할 수 없기 때문이다. 존슨은 생활 안에서 사랑을 감당하려면 두 사람 모두 110볼트의 차원으로 내려와야 한다고 말한다.

그러나 호세는 110볼트의 차원으로 내려오는 대신, 자신의 모든 것을 줄 수 있을 만큼 사랑했던 카르멘을 죽이는 것을 택한다. 사랑을 위해 모든 것을 버릴 각오를 했던 것은 호세였지만 아이러니하게도 사랑으로 인해 목숨을 잃은 것은 카르멘이었다. 카르멘은 죽었지만 호세는 죽지 않았다. 심지어 호세는 카르멘을 죽인 자신의 목소리를 세상에 남기기까지 했다. 그가 카르멘에게 주고자 했던 '모든 것'은 대관절 무엇이었을까.

목적을 달성했군요, 저를 죽였으니

아내 _ 레프 톨스토이 作,
《크로이체르 소나타》 등장인물

"그와 처음 만났을 때 아내의 눈빛이 심상치 않다는 것과
제 질투 때문인지는 몰라도 그와 그녀 사이에 이미
표현, 시선, 미소를 동일하게 만드는 전류 같은 것이
통하는 것을 느낄 수 있었습니다.
그녀가 얼굴을 붉히면 그도 얼굴이 빨개졌고
그녀가 미소 지으면 그도 미소 짓더군요."

-《크로이체르 소나타》 중 포즈드니셰프의 대사

베토벤이 1805년 출판한 바이올린 소나타 9번 '크로이체르 소나타'는 프랑스 바이올리니스트 루돌프 크로이체르에게 헌정된 곡으로, 곡을 받은 크로이체르가 "심히 이해하기 어렵다"고 말할 정도로 기술적 난도가 높고 일반적인 소나타와 비교해 곡의 길이도 상당히 긴 편이며 서정적 다양성으로도 악명 높은 난곡이다. 때문에 음악가들의 레퍼토리로 정착되기까지는 제법 긴 시간이 소요되었으나 작곡가 펠릭스 멘델스존, 바이올리니스트 요제프 요아힘, 피아니스트 클라라 슈만이 특히 사랑한 곡으로도 알려져 있다.

이 '크로이체르 소나타'에는 비밀스러운 사랑이야기가 함께 전해지는데, 베토벤이 이 곡을 작곡할 무렵 한 여성과 열렬한 사랑에 빠져 있었다는 것이다. 그는 뒷날 친구인 안톤 쉰들러에게 이 곡을 쓰게 된 배경에 대해 이렇게 말했다.

> "남자는 연인을 만나러 가는 길이었다네. 그런데 폭우를 뚫고 달리던 마차는 그만 진흙탕에 빠져 꼼짝도 못 하게 되었지. 연인은 영원히 기다려주는 게 아닌데……. 이 음악은 바로 마차 안에서 발을 동동 구르는 그 남자의 초조한 심정을 표현한 거라네."

베토벤이 평생 결혼하지 않고 독신으로 생을 마쳤기에 누군지 이름이 밝혀지지 않은 이 비밀 연인에 대한 관심은 오늘날까지 지속되고 있다. 베토벤 사후에 그의 비밀서랍에서 익명의 여성을 향해 썼으나 발송되지 않은 채 숨겨두었던 편지 세 통이 발견되면서 이 알려지지 않은 연인은 베토벤의 '불멸의 연인'으로 불리며 뜨거운 관심을 받기 시작했다.

베토벤의 친구였던 프란츠 브렌타노의 아내 안토니 브렌타노, 한때 베토벤의 피아노 제자였던 헝가리 백작 가문의 요제피네 브룬스비크, 요제피네의 언니인 테레제 브룬스비크,

베토벤이 '월광 소나타'를 헌정한 줄리에타 귀차르디 등 베토벤 연구자들은 베토벤이 생전에 깊은 인연을 맺었던 귀족 여성들을 후보로 올려놓고 편지의 내용과 그들의 행적을 대조해가며 지금도 연구를 이어가고 있다.

1994년 개봉된 영화 〈불멸의 연인〉은 베토벤의 '불멸의 연인'을 동생 카스퍼와 결혼한 가구 장인의 딸 요한나 레이스로 지목해 논란을 일으킨 바 있다. 그러나 논란에도 불구하고 영화에서 베토벤이 쉰들러에게 쓴 편지 내용을 그대로 옮긴 듯한 아름다운 영상은 평단과 관객의 찬사를 받았고 개봉한 지 30년이 지난 오늘날까지도 꾸준히 회자되고 있다.

베토벤과 연인은 칼스바트의 한 여관에서 만나 사랑의 도피를 하기로 하지만, 여관으로 향하던 베토벤은 빗속에서 마차에 발이 묶여 약속한 시간에 도착하지 못한다. 마음은 벌써 사랑하는 여자 곁에 가 있지만 몸은 고장 난 마차 안에서 오도 가도 못 하는 남자. 엇갈림의 안타까움이 절절하게 묘사된 영화의 이 장면은 더없이 아름답다.

음악이 살인을 불러일으키다

"그들은 베토벤의 '크로이체르 소나타'를 연주했습니다. 처음 나오는 프레스토를 아세요? 아시냐고요!" 그는 소리쳤다. "으……! 이 소나타는 정말 무시무시한 음악입니다. 특히 이 부분은 더 그렇습니다. 아니 음악은 정말 무시무시한 것입니다. 그게 도대체 뭔가요? 저는 이해할 수 없습니다. 음악이 도대체 뭐지요? 음악이 하는 일이 뭡니까? 왜 그런 일을 하는 겁니까? 음악이 영혼을 고양시킨다고 하는 말은 모두 헛소리이고 거짓입니다! 음악은 무서운 작용을 합니다. 어쨌든 제게는 그랬지요. 음악은 영혼을 고양시키지 않습니다. 음악은 영혼을 자극시킬 따름입니다. 어떻게 설명하면 될까요? 음악은 제 자신을 잊게 만들고 제 진정한 모습을 보지 못하게 하고 저를 제자리가 아닌 다른 어떤 곳으로 옮겨놓습니다. 음악은 제가 실제로 느끼지 못하는 것을 느끼고, 이해하지 못하는 것을 이해하고, 할 수 없는 것을 할 수 있다고 생각하게 만듭니다."

열렬한 음악 애호가였던 톨스토이는 베토벤의 소나타를 그대로 제목으로 사용한 소설 《크로이체르 소나타》에서 이 음악을 살인의 촉매제로 사용했다. 1악장은 느리게 한 음 한 음을 깊게 눌러서 연주하는 방식인 '아다지오 소스테누토(adadgio sostenuto)'로 시작해 이내 격렬한 프레스토로 이어지는데, 독일의 음악학자 아놀드 셰링은 이 곡이 바이올린과 피아노의 싸움이라고 해석했다. 그러나 이 싸움은 적대적인 관계가 아닌 연인들 사이에서 일어나는 비극적이고도 낭만적인 싸움이다.

프랑스 화가 르네 프리네는 이 곡에서 영감을 받은 그림에서 바이올리니스트와 피아니스트의 키스신을 그려넣고 있다. 마지막 음이 아직 허공으로 사라지지 않은 듯한 배경에서 바이올린을 손에 든 채, 피아노 건반에서 손을 떼지 못한 채 두 인물이 나누는 키스는 어딘지 불안하고 긴박해 보인다.

소설의 주인공 포즈드니셰프는 이 곡을 함께 연주하는 아내와 바이올리니스트 트루하첸스키 사이에 오가는 내밀한 관능을 포착한다. 그는 위협으로 아내를 지배한 자신과는 달리 트루하첸스키는 음악을 통해 아내와 교감했음을 깨닫고 격렬한 질투에 휩싸인다.

"'크로이체르 소나타'의 첫 번째 프레스토를 예로 들어보지요.

정말 이 프레스토를 가슴 위로 노출시킨 옷을 입은 부인들 앞에서 연주할 만합니까? 연주가 끝나면 박수 좀 치고 다음에는 아이스크림을 먹고 최근에 떠도는 소문에 대해 이야기하는 분위기에서 말입니다. 이런 음악은 중요하고 의미 있는 환경에서만 연주해야 하고, 또 그에 걸맞은 진지한 행동이 요구되지요. 이 음악이 조절하는 그대로 연주하고 행동해야 합니다. 그렇기 때문에 시간과 장소에 걸맞지 않은 음악을 사용하여 에너지와 감정을 돋우게 되면 바로 파멸로 이어지게 됩니다."

톨스토이의 묘사 덕에 이 곡은 오랫동안 '불륜을 부추기는 부도덕한 음악', '이성을 잃게 해 치명적인 사랑으로 몰아넣는 음악' 등 달갑지 않은 수식어를 달고 다녀야 했다. 여기서 포즈드니셰프가 말한 '파멸'은 결혼생활을 위기에 빠트리는 욕정이었을 테지만 아내에게 닥친 '파멸'은 남편의 손에 살해되는 것이었다. 아내가 그에게 남긴 마지막 말은 "목적을 달성했군요. 저를 죽였으니……"였다.

양초 하나로는 평생을 태울 수 없어

"행복한 가정은 모두 고만고만하지만 무릇 불행한 가정은 나름나름으로 불행하다."

분량이 무려 2천 페이지에 달하는 톨스토이의 장편소설 《안나 카레니나》의 첫 문장은 가정생활에 대한 금언이 되어 오늘날까지 널리 회자되고 있다. 《안나 카레니나》가 발표되고 20년이 지나 세상에 나온 《크로이체르 소나타》에는 결혼을 바라보는 톨스토이의 냉소적인 시선이 고스란히 드러나 있다.

실제로 톨스토이는 아내와 매우 사이가 좋지 않았으며, 그의 죽음이 저작권 상속을 둘러싼 아내와의 갈등으로 인해 비롯되었다는 것은 매우 유명한 일화다. 톨스토이가 자신의 수제자이자 열렬한 추종자였던 체르트코프에게 다음과 같은 편지를 보낸 것 역시 유명하다.

"그러므로 누구라도 결혼을 하지 못하게 하시오. 그리고 이미 결혼했다면 부인과 함께 형제자매처럼 지내도록 하시오…….

이러한 일이 인류의 종말을 의미한다는 사실을 당신은 부정할 수 있겠고? ……엄청난 불운이오! 노아의 홍수 이전에 살았던 동물들이 이미 지상에서 자취를 감춘 마당에 인간이란 동물 역시 사라질 것이 분명하오."

"평생을 한 여자 또는 한 남자만 사랑한다는 것은 양초 하나가 평생 탄다는 것과 다를 바 없습니다"라고 말하는 《크로이체르 소나타》의 주인공 포즈드니셰프 역시 사랑에 대해서나 결혼에 대해서 매우 비관적인 시각을 품고 있다. 기차여행 중이던 화자는 우연히 포즈드니셰프가 사람들과 벌이는 설전에 참여하게 되는데, 그는 결혼이란 속임수에 지나지 않으며, 서로를 기만하고 증오하는 지옥 같은 생활을 이어가는 것이라고 주장한다.

그의 말을 들은 다른 승객들이 "사랑이 없는 결혼은 결혼이 아니고, 사랑만이 결혼을 신성하게 하고, 진정한 결혼만이 사랑을 더욱 존귀하게 한다"는 의견을 피력하지만 그는 그렇다면 무엇 때문에 같이 자느냐며 사랑을, 그리고 결혼을 조롱한다. 그의 결혼은 표면적으로는 아내를 살해함으로써 파멸에 이르렀지만, 그는 결혼 안에 이미 파멸이 내재해 있다고 역설한다.

결혼하기 전 그는 아내에 대해 "도덕적으로 완벽한 여성이기 때문에 아내로서 손색이 없다"고 생각하지만 실제로 그가 아내에게 반한 것은 아내의 도덕성이나 조신한 몸가짐이 아니라 "몸에 꼭 달라붙는 스웨터를 입은 날씬한 몸매와 물결치는 머리"였다. 이는 사랑의 포로가 된 사람들이 흔히 빠져드는 자기기만인데, 문제는 이것의 유효기간이 길지 않다는 점이다. 그는 결혼 전에 이 여자 저 여자를 만나며 방탕한 생활을 했지만 '고상하고 순수한 가정'에 대한 소망을 버리지 않았고, 아내를 만난 순간 자신의 과거에 대해 모두 털어놓아야 한다는 강박관념에 시달린다.

순진한 처녀를 난봉꾼에게 팔아먹는 행위

포즈드니셰프의 모습은 이상주의자인 동시에 쾌락주의자였던 톨스토이의 실제 모습과 겹쳐진다. 톨스토이가 열여덟 살의 소피야 안드레예브나와 결혼했을 때 그는 이미 삼십대 중반에 접어든 나이였다. 청혼한 지 일주일 만에 성사된 그들의 결혼은 처음부터 삐걱거렸다. 젊은 시절 성적으로 매우 방탕한 생활을 했던 톨스토이에게는 결혼 전 하녀와의 사이에서 낳은 혼외자가 있었다.

톨스토이는 결혼식이 끝나자마자 부부 사이에는 비밀이 없어야 한다는 이유를 대며 서로의 일기장을 바꿔보자고 제안했는데, 제안이라기보다 사실상 강요였던 그 일기장 교환은 어린 신부 소피야에게 커다란 충격을 안겼다. 일기장에는 도박과 여자에 빠져 있던 톨스토이의 문란한 젊은 시절이 가감 없이 기록되어 있었다. 이때 소피야가 받은 충격 때문인지 아니면 더 이상 비밀을 공유하고 싶지 않아서인지 톨스토이는 아내에게 보여주는 일기장 외에 비밀 일기장을 따로 쓰기 시작했다.

톨스토이의 아내 소피야는 소크라테스의 아내와 더불어 악처의 대명사처럼 기억되는 이름이지만 그에 대한 평가는 사실 매우 억울한 면이 있다. 소피야는 50년 가까운 결혼생활 동안 아이를 열셋이나 낳았고 그중 여섯이 어린 나이에 죽었다. 톨스토이가 피임을 죄악시했을 뿐 아니라 유모를 들이는 것조차 반대했기 때문에 소피야는 아이들을 직접 젖을 먹여 길러야 했다. 남편을 대신해 영지 관리는 물론 지독한 악필로 알아보기 어려운 그의 원고를 정서하고 교정교열을 하며 집필을 돕는 것 역시 소피야의 몫이었다. 소피야는 스스로를 '톨스토이 작품의 유모'라 칭하며 자조했다. 그의 일기장에는 대문호의 아내로 살아가는 피로와 절망이 짙게 드리워져 있다.

"나는 자동인형처럼 살고 있다. 걷고 먹고 잠자고 목욕하고 정서한다. 사생활이란 없고 독서도 놀이도 생각에 잠길 수도 없다……. 이것이 도대체 사는 걸까?"

톨스토이의 관심이 문학보다 종교에 기울어지면서 소피야의 고통은 더욱 배가되었다. 톨스토이를 성인으로 추앙하는 사람들이 집으로 몰려들기 시작했고, 그의 열혈 추종자 중 한 사람인 체르트코프는 사사건건 소피야와 대립각을 세웠다. 톨스토이가 안락한 삶에 대해 죄책감을 느끼고 청빈을 실천하기 위해 저서의 판권을 포기하려 하고 지주로서의 삶을 버리고 농부로 살아가겠다고 선언하자 소피야와의 갈등은 절정에 이르렀다.

"결혼한 지 4년째가 되니 서로를 이해하거나 의견의 일치를 볼 수 없다고 자연스럽게 결론을 내렸습니다. 우리는 합의를 보려고 노력하는 것을 포기했던 겁니다. 아주 작은 일에도, 특히 아이들 문제에는 더 자신만의 생각을 고집했습니다. 돌이켜보면 제가 끝까지 고집부리며 주장했던 의견들이 그렇게까지 중요한 문제는 아니었습니다. 그저 아내가 제 의견에 반대하는데 그대로 양보한다면 아내에게 진다는 생각에 그랬던 것뿐이지요. 저는 도저히 양보할 수 없었고, 아내도 마찬가지였답니다. 아내는 자신이 항상 옳다고 생각했고 저 역시 그랬습니다."

포즈니셰프의 목소리에는 톨스토이의 육성이 겹쳐 들리는 듯하다. 톨스토이는 포즈드니셰프의 입을 빌려 결혼이 덫을 놓는 것과 다를 바 없다고 서슴없이 말하는가 하면, 결혼이 매매와 다를 것이 없으며, 순진한 처녀를 난봉꾼에게 팔아먹는 행위를 그럴듯하게 포장하는 것이라고 일갈한다. 그가 아내를 살해한 직접적인 동기는 아내가 부정을 저질렀다고 믿었기 때문이었지만, 그보다 더 근본적인 것은 그가 지닌 결벽증에 가까운 완벽한 가정에 대한 이상 때문이다.

그와 아내 사이에 흐르는 전류

우리가 결혼을 부정적으로 바라볼 때 흔히 '결혼은 연애의 무덤'과 같은 표현을 사용하기는 하지만, 톨스토이의 시선은 그보다 훨씬 암울하다. 살인의 직접적인 원인은 아내 곁에 트루하쳅스키라는 바이올리니스트가 나타난 것이지만, 포즈드니셰프는 그가 아니었더라도 다른 사람이 나타났을 것이며, 질투가 방아쇠를 당기지 않았더라도 필연적으로 일어났을 일이라고 말한다.

그 비극적인 사건이 일어나기 전에도 포즈드니셰프는 여러 차례 자살을 시도했고, 아내 역시 죽을 결심을 하고 아편을 먹기도 한다. 그러니 포즈드니셰프가 "저는 그날 아내를 죽인 게 아니라 훨씬 더 이전에 죽인 겁니다. 지금도 사람들이 자신의 아내를 죽이고 있는 것과 마찬가지로 저도 그렇게 아내를 죽인 겁니다"라고 고백하고 있는 것처럼, 그가 아내를 살해한 실제 날짜가 언제인가는 사실 중요한 게 아니다. 그가 내내 강조한 것은 '자신의 비열함'이다.

"저는 그를 아내에게 소개시켜주었습니다. 바로 음악에 관한 이야기를 하게 되었고, 그는 제 아내와 연주를 해보고 싶다고 했습니다. 당시 제 아내는 매우 우아하면서도 고혹적이고 유혹적이었습니다. 아내는 그에게 첫눈에 반했던 것 같습니다. 더구나 아내는 바이올린과 합주하는 것을 좋아해서 극장에서 바이올린 연주자를 불러오곤 했으니까요. 그러니 아내의 얼굴에 기쁨이 넘치는 것이 당연했겠지요. 하지만 제 얼굴을 본 아내는 제 감정을 알고 바로 표정을 바꾸더군요. 서로를 속이는 게임이 시작된 거지요. (중략) 그와 처음 만났을 때 아내의 눈빛이 심상치 않다는 것과 제 질투 때문인지는 몰라도 그와 아내 사이에 이미 표현, 시선, 미소를 동일하게 만드는 전류 같은 것이 통하는 것을 느낄 수 있었습니다. 아내가 얼굴을 붉히면 그도 얼굴이 빨개졌고 아내가 미소 지으면 그도 미소 짓더군요."

바이올리니스트인 트루하첸스키를 아내에게 소개한 것은 포즈드니셰프 자신이다. 그는 아내가 트루하첸스키와 가까워지는 것에 괴로워하면서도 둘 사이를 막지는 못한다. 아내를 미워하면서도 연적을 질투하는 그의 심리는 아이러니하다. 당시에는 미처 깨닫지 못했지만 그는 "사랑이라 부르는 시기와 동시에 일어나는 증오의 시기"에 놓여 있었던 것이다. 그의 깨달음에 따르면 "정열적인 사랑의 시기는 매우 긴 증오의 시기"이며, "미적지근한 사랑의 시기는 짧은 증오의 시기"다. 뜻밖에도 사랑이 불타오를수록 증오도 강해지며, 사랑이 식었다고 해서 증오가 가시는 것은 아니다.

아내의 육체는 남편이 아니라 아내의 것

아내와 음악가의 부적절한 관계는 실제 모델이 있었다. 포즈드니셰프처럼 톨스토이도 매우 질투심이 강했는데, 그들이 시골 영지인 야스나야 폴랴나를 떠나 모스크바로 옮겨간 뒤 소피야가 사교계 생활을 시작하자 톨스토이의 불안도 함께 시작되었다.

소피야가 피아니스트이자 작곡가인 타네예프와 가까워지자 톨스토이의 질투심도 부풀어올랐다. 차이콥스키의 제자였던 타네예프가 동성애자라는 사실도 그를 안심시켜주지는 못했다. 소피야는 타네예프에게 피아노 레슨을 받는 등 플라토닉한 우정을 이어갔지만 톨스토이는 아내를 의심하며 몇 번이나 가출할 생각을 했다.

"그제야 '크로이체르 소나타'의 연주를 끝내고, 누구의 작품인지 기억이 나지 않지만 매우 파렴치한 감정을 느끼게 만드는 정열적인 소품을 연주하면서 그들 얼굴에 떠오른 표정이 생각났습니다. 그들의 표정을 떠올리고서 저는 '어떻게 떠날 수가 있었을까? 그날 저녁 모든 일이 이루어진 것이 분명하잖아? 그날 밤 그들 사이에 아무런 장애도 없었을 뿐 아니라 그들 둘은, 특히 아내는 일을 저지른 후 부끄러움을 느낀 게 분명하다는 것을 왜 몰랐을까?'라는 생각을 했습니다. 그날 제가 피아노 쪽으로 다가갔을 때 아내가 상기된 얼굴에 맺힌 땀을 닦으며, 가냘프고 애잔하며 촉촉한 미소를 지었던 것이 떠올랐습니다. 그들은 서로 상대의 시선을 피했고, 저녁 시간이 돼서야 그가 아내에게 물을 따라줄 때 마주 보며 희미한 미소를 지었습니다."

아내와 트루하쳅스키가 '크로이체르 소나타'를 함께 연주하는 것을 본 날, 포즈드니셰프가 1악장의 프레스토에서 느꼈던 불안감은 혼자 떠난 여행에서 뒤늦게 그를 엄습해 온다. 트루하쳅스키가 '약속했던' 악보를 가지고 왔다는 내용이 들어 있는 아내의 편지는 불안감을 더욱 증폭시킨다. 그는 기억을 더듬어보았지만 트루하쳅스키가 악보를 가져다준다고 약속한 일은 없었다. 뜬눈으로 밤을 새운 그는 일정을 변경해 한달음에 집으로 돌아온다.

무엇보다 그를 괴롭히는 것은 아내의 육체가 그가 아니라 아내의 것이라는 사실이었다. 서른 살이 되어 성숙한 여성의 관능적인 아름다움을 뿜어내게 된 그 여체를 아내가 원하는 대로 얼마든지 사용할 수 있다는 것이 그의 마음을 갈기갈기 찢어놓았다.

자신이 없는 사이 트루하첸스키가 집을 방문했다는 것, 그리고 아내와 남자의 겁에 질린 표정, 그들이 주고받는 유감과 근심의 눈빛을 본 포즈드니셰프는 그만 이성을 잃고 만다. 그는 단검을 휘두르며 둘에게 달려들었다. 트루하첸스키는 가까스로 도망쳤지만 아내는 그의 칼에 숨을 거두었다.

"이 소나타는 정말 무시무시한 음악입니다. 특히 이 부분은 더욱 그렇습니다. 아니 음악은 정말 무시무시한 것입니다. 그게 도대체 뭔가요? 저는 이해할 수 없습니다."

포즈드니셰프는 감옥으로 보내져 재판을 기다리며 11개월을 보낸다. 법정에서는 배신당한 남편이 명예를 지키기 위해 살인을 저질렀다고 판단해 살인자인 그를 풀어준다. 톨스토이가 이 작품을 출간한 것이 1890년, 결혼이 종교의 형식적 법칙에 종속되어 있던 시대의 사법 정의라고 하기엔 21세기인 오늘날에도 가족이나 부족, 나아가 공동체의 명예를 훼손했다는 이유로 버젓이 살인이 저질러지고 있으니 시대를 탓할 일만은 아니다.

이 같은 명예살인은 이슬람의 전유물처럼 오해되는 경향이 있지만 기독교 국가인 아르메니아나 힌두교도가 대다수인 인도에서도 명예살인이 횡행하고 있으니 특정 종교의 문제만도 아니다. 2021년 유엔 인권 고등판무관 사무소(UNHCHR)에서는 매년 전 세계에서 명예살인으로 목숨을 잃는 여성들이 5천 명에 달한다고 발표한 바 있다.

포즈드니셰프의 살인은 현실이 아니라 소설 속에서 벌어진 일이긴 하지만 만약 베토벤이 기다리는 연인에게 가지 못하는 안타까운 마음을 담아 작곡한 음악이 어떤 남자에게 아내를 죽이는 동기가 되었다는 것을 알게 된다면 어떤 생각을 할까.

베토벤이 소나타의 악상을 떠올린 마차 안에서 초조하게 발을 구르며 자신의 몸이 이곳(마차 안)이 아닌 다른 곳(연인이 기다리고 있는 여관)으로 옮겨가 있기를 염원한 것과 달리 포즈드니셰프는 '크로이체르 소나타'를 자신을 "제자리가 아닌 다른 어떤 곳"으로 옮겨놓는 무시무시한 음악이라 칭했다.

어쩌면 그가 없애고 싶었던 것은 아내가 아니라 자신은 발을 들이지 못했지만 아내와 트루하쳅스키가 도달한 어떤 곳, '크로이체르 소나타'가 그들을 데려다놓은 완벽한 합일의 공간이었는지도 모른다. 그러나 중요한 것은 포즈드니셰프가 그 완벽한 합일의 공간에 도달하지 못한 데 대한 귀책사유는 아내에게 있지 않으며, 그럼에도 아내는 남편의 손에 끔찍한 죽음을 맞았다는 점이다. 그리고 오늘의 우리는 남편에게 살해당한 아내의 이름을 영영 모른 채 그저 이 무시무시한 음악을 듣고만 있을 뿐이다.

마타하리

나의 가장 큰 죄는 여성이라는 것

나는 시대를 잘못 태어난 여자이고,
무엇도 그 사실을 바꿀 수 없을 것입니다.
훗날 내 이름이 기억될지 모르겠지만,
만일 그렇게 된다면, 나는 희생자가 아니라
용기 있게 앞으로 나아간 사람,
치러야 할 대가를 당당히 치른 사람으로 기억되길 바랍니다.

- 《스파이》 중 마타하리의 독백

스파이에 대해 말할 때 인류의 역사 중 가장 오래된 직업 중 하나라는 설명이 곧잘 따라붙곤 한다. 그만큼 인류에게 정보의 가치가 높고 집단 간 그 정보 탈취가 중요했다는 뜻일 테다. 냉전 시절 영국 정보부에서 일한 실제 경험을 바탕으로 다수의 스파이 소설을 쓴 존 르 카레는 스파이를 '지정학적 연금술사'라고 정의했다. 스파이가 국제관계의 지정학을 바꿀 능력이 있다는 뜻이다. 이처럼 국제관계를 좌우할 수 있는 존재로 스파이의 중요성이 부각된 것은 20세기에 들어서면서부터로, 두 번의 세계 대전은 그 중심 무대가 됐다.

스파이 세계에는 절대로 신분을 노출하지 말라는 암묵적

인 철칙이 있다. 우연을 가장해 고의로 신분을 드러내는 경우도 있지만 대개의 경우 신분이 노출되면 더 이상의 첩보 활동이 불가능해질 뿐 아니라 스파이의 생명까지 위험해진다. 스파이의 신분이 노출되는 것을 '블론(blown)'이라고 하며, 블론 상황에 처한 스파이는 용도 폐기된다. 영국 컨설팅업체인 프라이스워터하우스쿠퍼스(PwC)에 따르면 스파이가 체포되어 언론 등에 알려진 경우는 세계 도처에서 활약하고 있는 전체 스파이 가운데 1%에 불과하다고 한다.

우리는 스파이 하면 위성이나 첨단 도청장비 등과 같은 이른바 '엘린트(ELINT · Electronics Intelligence)'에 의존하는 첩보 활동을 먼저 떠올리지만, 보다 광범위한 것은 '휴민트(HUMINT · Human Intelligence)'라 불리는 사람에 의한 첩보 활동이다. 첩보 활동은 정보 수집을 위해 수단과 방법을 가리지 않기에 필연적으로 비인간화(dehumanization)라는 부작용이 뒤따르기 마련이고, 특히 '허니 트랩(honey trap)'이라 일컫는 미인계 작전은 여성성이 무기화된다는 점에서 더욱 위험한 방식이다.

1910년대 유럽에서 가장 유명한 댄서로 인기를 끌다 스파이 혐의를 받고 사형에 처해진 마타하리는 스파이 세계에서 가장 유명한 인물로, 그의 존재는 여성 스파이에 대한 신화화에 일조했다.

파리 최고의 댄서에서 독일군 스파이로

네덜란드에서 태어난 마타하리의 본명은 마가레타 거트루이다 젤러. 아버지의 사업 실패로 어린 시절부터 친척집을 전전하며 가난에 쪼들리는 생활을 했다. 열여덟 살이 되던 해 그는 네덜란드령 인도네시아 주둔 장교였던 루돌프 매클라우드가 신문에 낸 구혼 광고를 보고 결혼에 응해 인도네시아로 건너간다. 당시 구혼 광고를 내는 이들은 주로 식민지에 파견된 유럽 출신 군인들로, 이들은 현지에서 백인 여성을 만나 교제할 기회가 없었기에 신문 광고를 신붓감을 찾는 경로로 삼았다. 이 같은 광고에 응하는 이들은 쉽게 짐작할 수 있듯이 대부분 가난하고 의지할 곳 없는 백인 여성들이었다.

이처럼 구혼 광고를 통한 결혼을 선택할 정도로 당시의 마가레타는 경제적으로 매우 궁지에 몰려 있었다. 그러나 가난을 벗어나기 위해 선택한 결혼은 남편의 의처증과 가정폭력, 외도 등의 고통 속에서 7년 만에 막을 내렸다. 남편과 헤어져 유럽으로 돌아온 그는 파리로 가서 클럽 댄서로 제2의 인생을 시작한다.

검은 머리에 올리브빛이 감도는 피부, 갈색 눈, 마가레타는 자신의 이국적인 아름다움을 강조하기 위해 이름도 인도네시아어인 '마타하리'(Mata Hari; 'eye of the day', '태양'이라는 뜻이지만 이를 단어 각각의 의미를 직역한 '새벽의 눈동자'로 옮기는 경우도 있다)로 바꾸었다. 그는 자신이 인도네시아 태생으로 인도네시아 사제들에게 교육받았고, 할머니는 마두라(인도네시아 제도 자와섬 동북부의 큰 섬) 총독의 딸이었으며, 아버지는 귀족 출신 고위 장교라는 식의 거짓말을 적절히 섞어 퍼트렸다. (마타하리가 파리 생활 초기부터 신비감을 위해 하나둘씩 덧붙이기 시작한 이 악의 없는 거짓말들은 훗날 그가 스파이 혐의로 재판을 받게 되었을 때 불리한 증거가 되었다. 전시라는 특수한 상황에서 나이를 낮추기 위한 목적으로 여권을 위조한 경력 등이 함께 드러나며 진술의 신빙성에 타격을 주었다.)

1905년 물랭루즈의 무대에서 마타하리가 벨리댄스를 변형해서 '자바춤'이라는 이름으로 선보인 춤은 캉캉춤 일색이던 당시 클럽댄스에 새로운 바람을 일으켰다. 그는 곧 파리 최고의 클럽이었던 물랭루즈에서도 가장 인기 있는 댄서가 되었고 그의 명성은 파리뿐만 아니라 유럽 주요 도시에서 순회공연을 하기에 이르렀다. 프랑스 군부와 정계의 고위 관료뿐 아니라 네덜란드 수상과 프로이센 황태자에 이르기까지, 유럽 사교계의 남성들은 나라와 분야, 지위를 막론하고 마타하리의 뇌쇄적인 아름다움과 이국적인 춤에 매료되었다. 1912년에서 15년까지, 그는 유럽에서 가장 잘나가는 코르티잔이었다.

그러나 마타하리의 영광스러운 시간은 짧았다. 1차 대전이 발발하자 유럽 각국의 고위층과 친밀한 관계에 있던 마타하리가 스파이라는 의혹이 고개를 들기 시작했다. 주로 파리에서 활동하던 그가 1차 대전 발발 당시 베를린에 머물고 있었던 사실도 프랑스의 군사기밀을 독일 측에 넘겨주기 위함이라는 설에 힘을 실어주었다. 마타하리의 춤에 열광하던 고위층 남성들은 그와의 관계를 부인하기 바빴다.

1917년 2월 13일, 마타하리는 파리의 한 호텔에서 체포되었다. 심문과정에서 그는 독일군으로부터 스파이 제의를 받았고 그 과정에서 돈이 오간 사실을 시인했다. 그는 제의만 받았을 뿐 스파이로 활동한 적은 없다고 혐의를 부인했지만 그 말에 귀를 기울여주는 사람은 없었다. 그가 네덜란드 수상에게 결백을 주장하며 보낸 편지들 역시 아무런 효력이 없었다. 전시상황이라는 명목하에 마타하리의 재판은 속전속결로 진행되었고, "마타하리가 빼낸 군사기밀은 연합군 병사 5만 명을 죽일 수 있을 수 있는 가치가 있다"라는 재판부의 판단과 함께 그에게는 사형이 선고되었다. 그리고 선고가 내려진지 석 달 만에 그는 파리 교외의 뱅센 사격장에서 12명의 사수에 의해 총살로 생을 마감했다. 그의 주검은 해부용 카데바(cadaver)로 처리되었다.

1999년 봉인이 해제된 영국의 1차 대전 관련 문서에는 마타하리가 프랑스의 군사기밀을 독일에 넘겼다는 결정적 증거가 없다고 되어 있다. 그를 사형으로 인도한 스파이 활동에 대한 공식적인 증거는 독일군으로부터 받은 코드명 H21이 유일하다.

희생자가 아니라 용기 있게 앞으로 나아간 사람

마타하리의 드라마틱한 일생은 창작자들에게 숱한 영감을 제공했다. 1927년 독일에서 그의 생애를 모티브로 한 흑백 무성 영화가 처음 제작된 후 할리우드에서는 1931년과

1985년 각각 그레타 가르보와 실비아 크리스텔을 주인공으로 한 영화를 만들었다. 1964년에는 프랑스와 이탈리아의 합작으로 잔느 모로를 주인공으로 한 영화 〈마타하리, H21 요원〉이 제작되었다.

그리고 2016년 마타하리의 사망 100주기를 1년 앞두고 전 세계에서 그의 생애를 재조명한 콘텐츠가 대거 만들어지기 시작했다. 마타하리의 고향인 네덜란드의 한 박물관에서는 그동안 공개되지 않았던 그의 영상과 친필 편지 등을 전시하며 화제를 모았다. 전시를 기획한 예베스 로코트는 많은 사람들이 마타하리를 댄서, 매춘부, 스파이로만 알고 있지만 그 역시 꿈을 가진 소녀였고 한 남자의 아내이자 딸을 가진 어머니였던 평범한 여성이라고 말했는데, 전시에서 공개된 자료들은 그가 받아온 스파이 혐의가 지나치게 작위적이며, 그는 스파이가 아니라 전쟁으로 대립하던 국가 사이의 이해관계 충돌이 낳은 희생양일 수 있다는 추론을 가능케 한다.

마타하리의 전기를 쓴 작가 줄리 휠라이트는 여배우들에 대한 성범죄로 구설에 오른 영화제작자 하비 와인스틴의 예를 들어 마타하리를 남성 권력에 의해 희생된 피해자로 바라보았다. 그는 100년 전이나 지금이나 여성의 삶은 달라진 것이 별로 없다고 씁쓸한 어조로 이야기하고 있다.

브라질 작가 파울로 코엘료는 마타하리를 사회적 시선에 얽매이지 않고 진정한 나의 모습으로 살아가기 위해 세상에 용기 있게 맞선 인물로 재해석한 소설《스파이》를 발표했다. 그는 마타하리를 그 시대 남성들의 요구에 저항하며 관습에 얽매이지 않는 독립적인 삶을 택했던 시대를 앞서간 페미니스트였다고 주장하며 자유롭고 독립적인 여성이었다는 점이 그의 가장 큰 죄라고 말했다. 코엘료는 작품 속에서 마타하리를 기소한 모르네 검사가 훗날 "우리끼리 하는 얘기지만, 우리가 확보한 증거는 고양이 한 마리 벌줄 만큼도 되지 못한다"라고 고백했다고 쓰고 있다.

> 여자라는 죄로, 자유로운 영혼이었다는 더 큰 죄로, 대중 앞에서 옷을 벗었다는 막중한 죄로, 수단과 방법을 가리지 않고 자기 평판을 유지해야 하는 남자들과 관계를 가졌다는 위험한 죄로, 당신은 부당하게 희생되었습니다. 그들의 평판은 당신이 프랑스 혹은 세상에서 영원히 사라질 경우에만 유지될 수 있겠지요.

그들은 당신의 돈의 출처를 추적하다가 곧 이 부분을 '기밀'로 처리했는데, 많은 고위직 남자들이 난처해질 것이라고 판단했기 때문이었습니다. 당신의 옛 애인들은 단 한 명의 예외도 없이 모두 당신을 모른다고 부인했습니다. 심지어는, 당신이 사랑했던 그 남자, 의혹과 위험을 무릅쓰고 비텔까지 가려고 한 이유였던 그 러시아인마저도 한쪽 눈을 붕대로 가린 채 법정에 나와 프랑스어로 쓴 진술서를 읽었는데, 그것은 오로지 모두의 앞에서 당신을 망신 주기 위해서였습니다.

비록 소설이라는 형식을 빌린 것이긴 하지만 코엘료가 작품 속에서 마타하리를 변호한 클뤼네 변호사의 편지를 통해 이렇게 말하고 있는 것은 매우 의미심장하다. 클뤼네 변호사는 같은 편지에서 "드레퓌스 사건과는 달리 아무도 당신의 목숨을 구하기 위해 연판장을 돌리거나 대중 시위를 벌이지 않았습니다"라고 직격하는데, 이는 마타하리를 파리 사교계의 스타로도, 세계대전 중심에서 활약하는 스파이로도 만들 수 있었던 남성 중심 사회의 권력이 어디로 향하는지 꼬집은 일격이기도 하다. 마타하리에게 기회를 주는 것도, 그 기회를 빼앗는 것도 모두 남성만이 할 수 있었다.

같은 해 네덜란드국립발레단에서는 예술감독 테드 브랜드슨이 안무한 발레 〈마타하리〉를 제작해 공연했고, 그 2년 뒤인 2018년 한국 국립발레단에서도 이탈리아 안무가 레나토 자넬라를 초청해 〈마타하리〉 제작을 의뢰했다. 자넬라의 생각도 코엘료와 궤를 나란히 한다. 자넬라는 마타하리에게 씌워진 스파이 혐의가 부당하다면서 그를 남성으로 둘러싸인 세계에서 자신의 삶을 사랑하고 자유롭게 살기를 원했던 여성 해방의 선구자로 바라보았다.

한국 뮤지컬 제작사 EMK에서는 2016년 뮤지컬 〈마타하리〉 초연을 올린 뒤 이듬해인 2017년과 2022년까지 재공연을 할 때마다 꾸준히 개정된 버전을 선보이고 있다. 초연에서는 출연자의 대사를 통해 마타하리의 춤을 "남자들을 유혹하기 위한 필사적이고도 음란한 춤"이라고 정의했지만 재연에서는 재판정에 선 마타하리가 본인의 춤에 담긴 의미에 대해 직접 설명하는 것으로 바꾸어 남성들이 바라보는 시선에서의 음란한 춤이 아니라 마타하리가 무대에서 드리는 신성한 의식으로서의 의미를 더하고, 마타하리의 과거를 설명하기 위해 동원된 '창녀' 같은 단어나 강간을 암시하는 장면도 생략되었다.

공연이 거듭되는 동안 마타하리는 남성을 유혹하는 관능적인 팜므 파탈에서 여성을 존중하지 않는 시대에 스스로 행복을 찾아 나선 여성, 자기 운명을 남성들의 손에 맡기지 않고 스스로 생존을 도모했던 여성으로 그 상(像)이 조금씩 이동하고 있는 중이다. 마타하리의 관능미와 불행에 대한 창작자들의 관심은 여전하지만, 그 관심 또한 조금씩 마타하리라는 인간 본연의 모습으로 이동하고 있다. 그렇다면 언젠가 코엘료가 그를 위해 대신 써준 독백이 그의 진짜 목소리가 되어 전해지는 날도 오지 않을까.

> 나는 시대를 잘못 태어난 여자이고, 무엇도 그 사실을 바꿀 수 없을 것입니다. 훗날 내 이름이 기억될지 모르겠지만, 만일 그렇게 된다면, 나는 희생자가 아니라 용기 있게 앞으로 나아간 사람, 치러야 할 대가를 당당히 치른 사람으로 기억되길 바랍니다.

part 4

남자를 죽이는 여자들

운디네

살로메

메데이아

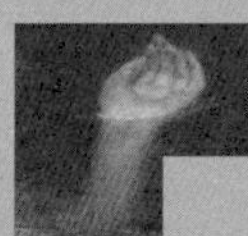

금기를 깨트린 벌은 죽음뿐

운디네 _ 라 모테 푸케 作,
《물의 요정 운디네》 등장인물

"홀트브란트의 죽음을 가장 아프게 여길 사람은,
스스로의 손으로 벌을 내릴 수밖에 없었던,
가엾게 버림받은 운디네일 것입니다."

-《물의 요정 운디네》 중 어부의 대사

옛날부터 전해오는 쓸쓸한 이 말이
가슴속에 그립게도 끝없이 떠오른다
구름 걷힌 하늘 아래 고요한 라인강
저녁 빛이 찬란하다 로렐라이 언덕

하이네의 시에 질허가 곡을 붙인 '로렐라이 언덕'의 가사 중 일부다. 로렐라이 언덕은 장크트고아르스하우젠 부근의 라인강 기슭에 우뚝 솟은 바위를 가리키며, 그 뜻은 '요정의 바위'라고 한다. 이 바위에서는 로렐라이라는 이름의 소녀가 저녁마다 블론드의 긴 머리카락을 빗어내리며 노래를 불렀는데, 라인강을 지나던 뱃사공들을 모두 넋을 잃게 만들 만큼 아름다운 노래였다고 전한다. 로렐라이의 아름다운 외모와 노래에 취한 뱃사공들은 배가 어디로 떠내려가고 있는지도 모르고 있다가 암초에 부딪쳐 난파당하기 일쑤였다. 사실 로렐라이는 사람이 아니라 반인반조(半人半鳥)의 물의 요정이었다. 연인에게 버림받은 뒤 강가에서 하염없이 연인을 기다리던 로렐라이는 물에 몸을 던지지만, 그를 기다리고 있는 것은 죽음이 아니라 다른 남성들의 목숨을 빼앗는 마녀의 운명이었다.

아름다운 여성의 얼굴을 한 물의 요정들

그리스 신화에도 선원들을 죽음에 이르게 만드는 팜므 파탈이 등장한다. 여성의 얼굴과 독수리의 몸을 가진 세이렌이다. 세이렌은 이탈리아 반도 서부 해안의 절벽과 바위로 둘러싸인 사이레눔 스코풀리 섬에 사는 요정인데, 특히 배가 난파되기 쉬운 장소인 암초와 여울목이 많은 장소에 머물며 아름다운 노래로 선원들을 유혹한다. 신화 속에서 세이렌의 유혹을 이겨낸 사람은 영웅 오디세우스와 시인 오르페우스 단 두 명뿐이다. 오디세우스는 부하들의 귀를 밀랍으로 막고 자신은 움직일 수 없도록 배에다 몸을 결박해 세이렌의 마성에서 벗어났고, 오르페우스는 세이렌보다 아름다운 노래를 불러 맞대응했다. 오르페우스를 유혹하는 데 실패한 세이렌은 모욕감을 느끼고 자살했다고 한다.

이처럼 물의 요정에 관한 전설은 많은 예술가에게 영감을 주는 매력적인 소재가 되었는데, 그 뿌리는 중세유럽에 전해져 내려오는 멜루지네 설화다. 멜루지네는 알바니아의 왕과 물의 요정 사이에서 인간의 몸과 뱀의 꼬리를 가지고 태어난 존재로, 커피 브랜드 스타벅스의 로고로도 잘 알려져 있다.

이 멜루지네 이야기는 독일의 시인이자 극작가인 루트비히 티크가 1800년에 쓴 〈멜루지나의 매우 경이로운 이야기〉를 필두로 클레멘스 브렌타노와 베티나 폰 아르님(브렌타노의 여동생)이 1805년 수집한 독일의 옛 노래집에 수록된 〈기사 페터 폰 슈타우펜베르크와 물의 요정〉, 괴테(아르님의 어머니는 괴테와 친구 사이였으며, 괴테를 우상으로 여겼던 아르님은 1811년 괴테의 아내와 크게 다툼을 벌이고 그에게 절교당하기 전까지 프랑크푸르트에 있는 괴테의 어머니 집에도 드나들며 그와 매우 친밀한 관계를 유지했다)가 1817년에 발표했다가 1821년 《빌헬름

마이스터의 편력시대》에 삽입한 단편소설 〈새로운 멜루지네〉 등 매우 여러 곳에서 찾아볼 수 있다.

멜루지네 이야기는 판본마다 조금씩 차이를 보이지만 대략적인 줄거리는 이렇다. 젊은 기사가 숲에서 길을 잃고 헤매다 샘가에서 아름다운 처녀 멜루지네를 만나게 되었다. 멜루지네에게 한눈에 반한 기사가 아내가 되어달라고 청하자, 멜루지네는 일주일에 하루, 토요일에는 자신에게 자유를 주어야 하며 자신이 그날 무엇을 하는지 알려고 해서도 안 된다는 조건을 내걸고 청혼을 승낙한다. 결혼 뒤 멜루지네는 자신이 지닌 신비한 능력으로 기사에게 거대한 성을 지어주고 열 명의 아들을 낳아 가문을 일으킨다. 기사가 아내를 자랑스러워했음은 물론이다.

하지만 토요일마다 행적이 묘연해지는 멜루지네를 수상쩍게 여긴 사람들이 기사에게 의심을 불어넣는다. 아내가 혹시 마녀는 아닌지, 다른 남자와 정을 통하고 있는 것은 아닌지, 불안으로 괴로워하던 기사는 멜루지네와의 약속을 깨고 그가 토요일마다 머무르는 방을 몰래 들여다본다. 기사가 목격한 것은 뱀의 꼬리를 욕조에 담근 채 목욕하고 있는 멜루지네의 모습이었다. 약속을 어긴 기사가 치러야 할 대가는 아내를 잃는 형벌이었다(목욕하는 멜루지네를 엿본 데 대한 벌을 받는 기사에게서 그리스 신화의 악테온이 오버랩된다. 악테온은 수렵의 여신 다이애나의 목욕 장면을 훔쳐본 죄로 사슴으로 변하는 벌을 받는다). 멜루지네 이야기의 결말은 판본에 따라 조금씩 다르다. 또 다른 판본에서는 기사가 멜루지네의 비밀을 엿보았다는 사실을 서로 알게 된 뒤에도 내색하지 않은 채 위태롭게나마 결혼생활을 지속한다. 그러나 이 위태로운 평화는 아들의 비행으로 완전히 금이 가게 되는데, 기사는 아내를 비방함으로써 그들 사이의 금기를 깨트리고 만다. 멜루지네는 배신감과 인간으로서의 삶이 끝난 데 대한 비통함을 느끼며 성을 떠나고, 기사는 회한에 잠긴다.

물의 요정과 결혼한 남성이 지켜야 할 것

아마도 물의 요정으로 우리에게 가장 친숙한 것은 안데르센의 동화 《인어공주》일 것이다. 인어공주가 멜루지네와 다른 것은 뱀의 꼬리가 아닌 물고기의 하체를 가졌다는 점이다. 이 외에도 슬라브 신화에서 복수의 화신으로 등장하는 루살카나 르네상스 시대에 활동한 스위스의 의학자 겸 연금술사

파라켈수스에 의해 이름 붙여진 운디네 등이 있다.

이들 물의 요정의 특징은 초현실적 존재인 그들이 남성의 사랑을 얻어 결혼에 성공하면 인간의 영혼을 갖게 되어 온전한 인간으로 살아갈 수 있다는 점이다. 하지만 어리석거나 의심 많은 남성들은 이 사랑을 완성하기 위해서는 반드시 지켜야 하는 것, 즉 요정의 비밀을 알려고 들어선 안 된다거나(멜루지네), 물가에서 요정을 비난해선 안 된다거나(운디네) 하는 금기를 깨뜨려 일을 그르친다. 인간으로 살아갈 길이 막힌 그들의 선택은 남성에 대한 복수뿐이다. 로렐라이에서부터 물의 요정 계보의 막내라고 할 수 있는 인어공주에 이르기까지, 그들은 어쩔 수 없이 사랑하는 연인의 목숨을 취해야 하는 막다른 골목에 내몰린다.

아름다운 여성의 모습을 한 초현실적인 존재가 인간 남성과의 계약(대개는 진실한 사랑 고백이거나 영원한 사랑의 맹세)을 통해 인간으로 살아갈 수 있는 자격을 취득하게 된다는 이야기구조는 동서양을 막론하고 설화에서 공통적으로 볼 수 있다. 우리나라에도 구미호가 백 일간 정체를 들키지 않고 인간 남성의 아내 노릇을 하거나 그 인간 남성의 간을 취하면 진짜 인간이 된다는 식의 설화가 다수 전해진다. 다만 우리나라 구미호들이 마지막 날 정체를 들키거나 마지막 순간에 마음이 약해져 인간 남성의 목숨을 살리고 여우로 돌아가는 식의 파국을 맞이하는 것과 달리 물의 요정 이야기에서는 남성이 약속을 깨트림으로써 파국에 이른다.

파라켈수스 사후인 1566년 출판된 《님프, 쉴프, 퓌그메, 살라만더, 그리고 기타 정령들에 관한 책》에서는 물, 불, 흙, 공기의 4원소마다 원소정령이 있다고 되어 있다. 파라켈수스에 따르면 물의 정령은 님프, 공기의 정령은 쉴프, 흙의 정령은 퓌그메, 불의 정령은 살라만더이다. 이들은 다시 운디네, 실베스트레, 그놈, 불칸이라고도 불린다.

19세기는 앞서도 말한 것처럼, 물의 요정을 주인공으로 한 작품이 쏟아져 나온 '운디네 열풍(Undinen-Schwarmerei)'의 시기였다. 이들 중 가장 유명하고 사랑을 받은 것은 푸케의 동화 《물의 요정 운디네》로, 운디네(Undine)는 물 또는 파도를 의미하는 라틴어 'unda'에 형용사 어미 '-ine'를 붙인 것이다. 즉, '물의 존재'라는 뜻이다.

물의 요정의 대모격인 멜루지네가 인간 남성과 결혼하는 데 성공하고도 일주일에 한번씩은 뱀의 꼬리를 한 원래 모습으로 돌아가는 것과는 달리, 운디네는 처음부터 인간의 모습을 하고 있지만 영혼을 갖지 못했다는 것이 인간과 다른 점이다. 인간이라면 당연히 느낄 수 있는 희로애락의 감정이 없을뿐더러, 자신의 행동을 타인이 불쾌하게 느끼거나 상처를 받을 수 있다는 걸 이해하는 공감능력도 없다. 이때 '영혼'이란 우리가 흔히 생각하는 의미에서 육신의 반댓말로 쓰이는 그것이라기보다는 느낄 수 있는 '마음'에 가깝다. 《오즈의 마법사》에서 양철나무꾼이 그토록 갖고 싶어 하던 '심장'을 생각하면 이해하기 쉬울 것이다.

파라켈수스는 여기에 운디네와 결혼하는 인간 남성은 물가에서 아내를 비방해선 안 된다는 금기를 도입했다. 만약 남성이 이를 어길 시에는 곧바로 결혼이 파기되어 운디네는 자신이 왔던 곳인 물로 되돌아가야 한다. 하지만 이 경우에도 남성의 결혼 서약은 유효하기 때문에 그가 운디네가 아닌 다른 여성과 재혼할 경우 운디네는 원하지 않아도 그의 목숨을 거두어야 한다. (안데르센은 《인어공주》에서 이를 비틀어 이웃나라 공주와 결혼하게 된 왕자의 목숨을 취하면 인어가 원래의 모습으로 돌아올 수 있는 것으로 설정했다.)

호수가 선물로 준 아름다운 소녀

《물의 요정 운디네》 줄거리를 좀 더 자세히 들여다보자. 젊은 기사 홀트브란트는 폰 링슈테텐은 귀족 영애 베르탈다의 짓궂은 장난으로 '악마의 숲'이라 불리는, 한번 들어가면 살아서 나오기 어렵다는 숲으로 향하게 된다. 막 로맨스가 시작되려는 찰나, 베르탈다는 이 로맨스에 곧장 뛰어들지 않고 자신이 쉬운 여자가 아니라는 것을 기사에게 알려주기 위해, 그리고 자신에 대한 기사의 마음을 시험하기 위해 악마의 숲에는 어떤 비밀이 숨겨져 있는지 알아오기 전까지는 마음을 허락할 수 없다고 선언한다. 기사의 명예가 목숨보다 중요한 홀트브란트로서는 물러날 수 없는 처지였지만 명예가 지도를 주지는 않는 법이라서 그는 숲으로 들어오자마자 길을 잃고 만다. 헤매던 그가 당도한 것은 선량하고 신앙심 깊은 한 어부의 집이었다.

늙은 어부 부부에게는 변덕이 심한 천방지축 딸이 있었는데, 이름은 운디네라고 했다. 세 살배기 딸을 호숫가에서 잃어버리고 슬픔에 잠겨 있던 부부에게, 마치 하늘의 선물처럼 찾아온 아이였다. 어부 부부는 운디네를 키우며 딸을 잃은 슬픔을 잊을 수 있었고, 운디네는 눈부시게 아름다운 소녀로 자라났다. 홀트브란트가 한눈에 사랑에 빠지게 된 것도 놀랍지 않은 일이었다. 이제 막 열여덟 살이 되어 사랑에 거리낄 것이 없어진, 요조숙녀의 교양과는 거리가 먼 야생의 매력으로 가득 차 있는 운디네는 적극적으로 홀트브란트의 구애에 화답한다. 만남에서 결혼까지, 거칠 것 없는 일사천리였다.

결혼식이 끝나고, 운디네는 남편이 된 홀트브란트에게, 양부모인 어부 부부에게도 고백하지 않은 자신의 비밀에 대해 털어놓는다. 그의 비밀은 인간이 아니라 물의 요정이라는 것이다. 물의 요정은 인간과 똑같은 생김새를 하고 인간처럼 살아가지만, 인간과 다른 것은 단 하나, 죽은 뒤에 인간이 영혼의 세계로 돌아가는 것과는 달리 물의 요정은 거품으로 화하고 만다는 사실이었다. 이를 안타깝게 여긴 물의 왕, 즉 운디네의 아버지는 딸이 영혼을 얻기를 바라며 인간 세상으로 올려 보냈다.

한 남자의 과거와 현재를 나눠 가진 두 여자

신혼의 아내에게 반해 있는 홀트브란트에게, 운디네가 불안한 마음으로 털어놓은 비밀은 전혀 문제가 되지 않았다. 자신의 사랑을 증명하기 위해 도시를 떠나 숲으로 향했던 기사는, 새로운 사랑을 동반하고 금의환향하듯 집으로 돌아왔다. 기사가 숲으로 떠난 뒤 행방이 묘연해지자, 도시에는 그가 죽었다는 소문이 파다하게 퍼졌다. 죽은 줄 알았던 훌트브란트가 절세미녀를 아내로 데리고 나타났을 때, 온 마을 사람들이 기뻐했지만, 그를 숲으로 들어가 길을 잃게 한 원인이 되었던 베르탈다만은 그 기쁨에 동참할 수 없었다.

한 남자의 과거와 현재를 나눠 가지게 된 두 여자는, 뜻밖에도 매우 친밀한 우정을 나누는 사이가 되었다. 훌트브란트는 본거지인 링슈테텐 성으로 하루라도 빨리 돌아가려고 했지만 운디네는 남편을, 베르탈다는 부모를 설득해 하루라도 더 도시에 머물 수 있는 이런 저런 핑계를 찾아내고 있었다.

베르탈다의 생일날, 운디네는 깜짝 놀랄 선물을 준비한다. 운디네가 생일을 축하하는 의미로 비파를 연주하며 부른 노래는 놀랍게도 베르탈다의 출생의 비밀에 관한 것이었다. 베르탈다에게도 비밀이 있었으니, 운디네의 양부모가 세 살 때 호숫가에서 잃어버린 딸이 바로 베르탈다였다. 운디네를 인간 세상으로 올려 보내고자 호수의 지배자인 운디네의 숙부 퀼레보른이 호숫가에서 운디네와 베르탈다를 바꿔치기했던 것이다. 친딸을 다시 만나게 된 늙은 어부 부부는 감격의 눈물을 흘리지만, 졸지에 귀족의 딸에서 어부의 딸로 신분이 강등된 베르탈다의 반응은 떨떠름하기 짝이 없다. 아니, 떨떠름한 정도가 아니라 자신이 이 비천한 사람의 딸일 리가 없다며 고개를 내저었다. 마치, 예수를 세 번 부인한 베드로처럼.

베르탈다의 그러한 태도는 친부모인 어부 부부와 양부모인 공작 부부를 모두 실망시켰다. 공작 부부는 양딸과 인연을 끊겠다고 선언했고, 어부 부부는 귀족의 화려한 옷을 벗고 남루한 차림으로 혼자 악마의 숲을 지나오면 딸로 받아주겠다고 말했다. 사실상 딸을 버리겠다는 말이나 다름없었다. 오갈 데가 없어진 베르탈다에게 손을 내민 것은 운디네였다. 사랑스러운 아내의 설득에 두 손을 든 훌트브란트는 할 수 없이 운디네와 베르탈다를 데리고 링슈테텐으로 돌아가기로 한다.

젊은 기사와 아름다운 아내, 그리고 아내의 친구가 함께 하는 생활은 겉보기에는 아무 문제가 없었지만 과거의 정인과 현재의 아내, 그리고 인간과 물의 요정의 결합 등 애초부터 세 사람의 관계는 잘 지내기 어려운 분란의 씨앗을 품고 있었다. 무엇보다 베르탈다의 마음을 지배하고 있는 것은 '가질 수 없는 남자'가 된 홀트브란트를 향한 욕망과 호수의 왕과 소통하는 이질적인 존재인 운디네에 대한 두려움이었다. 그리고 이런 경우의 두려움은 쉽게 미움과 시기로 변질되기 마련이다.

인간과 물의 정령의 괴이한 인연

세 사람이 함께 빈으로 떠나는 여행에서 불행은 기어이 숨기고 있던 이빨을 드러내고 말았다. 도나우 강을 따라 배를 타고 내려가는 동안, 운디네의 숙부 퀼레보른은 사나운 물보라를 일으키며 그들의 평화로운 여행을 쉴 새 없이 위협했다. 동족을 멀리하려는 운디네에 대한 경고이자 운디네에게 위협이 될 수도 있는 여성에게 애틋한 감정을 품고 있는 홀트브란트에 대한 경고였다. 불쾌함을 느낀 홀트브란트는 이렇게 혼잣말을 한다.

> "이렇게 된 것은 같은 부류끼리 어울리지 않기 때문이다. 인간과 물의 정령이 괴이한 인연을 맺고 있기 때문이다. 저 여자가 물의 정령이라는 것을 처음부터 알고 있었던 것도 아니지 않

는가? 저 여자의 동족의 광기 때문에 내 행동이 저주받고 방해를 받는다니, 그것은 나의 불운이지 나의 죄는 아니다."

퀼레보른이 파도를 일으켜 베르탈다가 아끼는 목걸이를 빼앗아가자, 홀트브란트의 인내심도 한계에 달했다. 베르탈다의 눈물은 그의 불붙은 노여움에 기름을 부었다. 이성을 잃은 그는 물가에서 운디네에게 욕을 해선 안 된다는 금기도 잊어버리고 저주를 퍼부었다. 그리고 그 순간은 운디네의 인간으로서의 삶이 끝나는 순간이었다. 운디네의 눈에서도 눈물이 흘렀다. 남편을 원망하는 그 눈물 앞에서 홀트브란트는 무력했다. 거친 파도가 일더니 이내 운디네의 모습이 뱃전에서 사라져버렸다.

결혼한 지 얼마 되지 않은 젊은 아내를 잃은 것은 기사에게는 매우 애석한 일이었지만, 이 불행은 살아남은 두 사람의 마음을 단단하게 결속시켜주는 역할을 했다. 여행에서 돌아온 홀트브란트의 마음은 베르탈다에게로 급속히 기울었다. 게다가 베르탈다의 친부인 어부가 링슈테텐 성으로 찾아와 결혼도 하지 않은 딸이 홀아비가 된 기사 곁에 계속 머물러 있는 것은 처녀의 혼삿길을 막는 일이라며 딸을 데려가겠다고 말한 것은 일종의 촉매제가 되었다. 홀트브란트는 운디네의 죽음을 공식화하고 베르탈다와 재혼하겠다고 발표했다. 이 소식은 곧 퀼레보른의 귀에 들어갔다.

기사의 두 번째 결혼소식에 마음이 다급해진 사람이 또 있었다. 어부의 집에서 운디네와 홀트브란트의 결혼식 주례를 섰던 하일만 신부였다. 그는 운디네의 시신도 발견되지 않았는데 기사가 결혼을 서두르는 것은 온당치 못하다고 생각했다. 신부는 기사의 결혼을 만류하기 위해 급히 성으로 출발했다.

늙은 신부의 걸음은 느렸고, 물길을 내달리는 퀼레보른의 움직임은 빨랐다. 운디네는 퀼레보른의 등에 업혀 자신이 행복한 신혼의 단꿈을 꾸었던 옛집, 링슈테텐 성으로 향했다. 남편의 목숨을 거두기 위해서였다. 남편이 두 번째 결혼으로 자신과의 사랑을 저버린다면, 그는 남편에게 목숨으로 대가를 치르게 해야 했다. 이는 거부할 수 없는 물의 냉엄한 법칙이었다. 운디네의 입맞춤을 받은 홀트브란트는 싸늘한 시체로 변하고 만다. 남편의 죽음을 확인한 운디네는 "나는 눈물로 그이를 죽였어요"라고 말한다. 하일만 신부는 기사의 결혼식이 아닌 장례식에 맞춰 도착했다.

홀트브란트의 장례식은 기사의 품위에 맞게 집행되었다. 그의 묘지는 가문의 기사 대대로 묻히는 교회촌에 마련되었다. 젊은 나이에 세상을 떠난 기사를 안타까워하는 목소리 사이에서, 베르탈다의 친부이자 운디네의 양부이기도 한 늙은 어부는 "홀트브란트의 죽음을 가장 아프게 여길 사람은, 스스로의 손으로 벌을 내릴 수밖에 없었던, 가엾게 버림받은 운디네일 것입니다"라고 말했다. 장례식이 끝나고 홀트브란트의 봉분 근처에는 작은 샘이 솟아났는데, 마을 사람들은 기사를 데려간 운디네가 팔로 사랑하는 사람을 감싸 안은 모습이라고 말했다.

운디네나 멜루지네가 남성과의 관계를 유지하는 데 있어 금기를 설정해두고 이를 어긴 남성을 자비 없이 처벌하는 데 비해 안데르센은 인어공주에게서 금기를 빼앗고 자유의지를 부여했다. 금기에 매인 운디네나 멜루지네가 자신의 의지와 관계없이 금기를 깨트린 남성을 처벌해야 했던 것과 달리 금기로부터 자유로운 인어공주는 왕자의 목숨을 취하면 인어로 돌아올 수 있었지만 왕자를 살리고 바다에 몸을 던져 물거품이 되는 길을 택한다.

이것은 진짜 결말이 생략된 축약 버전이고 원작의 인어공주는 공기의 정령이 되어 불멸의 영혼을 얻었다고 한다. 어느 쪽이건 인어공주는 인어로 돌아오지 못하는 게 정설이다. 인어공주의 희생적인 사랑 때문인지 오늘날에는 운디네나 멜루지네보다 인어공주 이야기가 비교할 수 없는 인기를 누리며 끊임없이 재창작되고 있다. 하지만 원래의 자신을 잃고 구원자가 되는 결말은 왜 항상 여성에게만 주어지는지, 이제는 이 '구원의 여신'이라는 전형에도 질문을 던져볼 때가 아닌가 한다.

당신은 나를 보려 하지 않았어

살로메 _ 오스카 와일드 作,
《살로메》 등장인물

"나를 위해 춤을 추거라, 살로메.
제발 나를 위해 춤을 춰다오.
네가 나를 위해 춤을 춘 뒤 원하는 건
무엇이든지 말해라. 다 들어주리라.
그래. 나를 위해 춤을 추어다오.
그리고 원하는 걸 무엇이든 말하면
내 다 들어주리라. 내 왕국의 반이라도 주마."

-《살로메》 중 헤로데의 대사

그 무렵에 마침 헤로데의 생일이 돌아와서 잔치가 벌어졌는데, 헤로디아의 딸이 잔치 손님들 앞에서 춤을 추어 헤로데를 매우 기쁘게 해주었다. 그래서 헤로데는 소녀에게, 무엇이든지 청하는 대로 주겠다고 맹세하며 약속하였다. 그러자 소녀는 제 어미가 시키는 대로 "세례자 요한의 머리를 쟁반에 담아서 이리 가져다주십시오"하고 청하였다.

왕은 마음이 몹시 괴로웠지만 이미 맹세한 바도 있고 또 손님들이 보는 앞이어서, 소녀의 청대로 해주라는 명령을 내리고 사람을 보내어 감옥에 있는 요한의 목을 베어오게 하였다. 그리고 그 머리를 쟁반에 담아다가 소녀에게 건네자 소녀는 그것을 제 어미에게 갖다 주었다.

-《마태복음》14장 6~12절

성경에 기술되어 있는 세례자 요한의 죽음은 어쩌면 인류 최초의 살인청부라고 부를 수 있는 사건일 것이다. 복음서에 따르면 갈릴리의 왕 헤로데 안티파스는 동생 헤로데 빌립보의 아내 헤로디아를 취해 왕비로 삼았는데, 세례자 요한은 동생의 아내를 데리고 사는 것은 옳지 않은 일이라고 간언하다 감옥에 갇히게 되었다. 왕은 요한을 죽이려고 했으나 그를 예언자로 여기고 따르는 민중의 신망을 잃을까 두려워 뜻을 이루지 못했다.

헤로데 왕의 생일날, 춤을 추어 왕을 기쁘게 한 소녀는 그 대가로 상을 받게 된다. 소녀의 춤에 만족한 왕은 왕국의 절반이라도 주겠다고 다짐한 터였다. 세례자 요한에게 원한을 품고 있던 헤로디아로서는 절호의 기회를 만난 셈이다. 헤로디아는 딸에게 세례자의 목을 요구하라 일렀고, 소원을 들은 왕은 마지못해 승낙한다. 뒤에 나사렛에서 온 예수라는 자가 기적을 행하는 것으로 유명해지자 헤로데 왕은 죽은 요한이 다시 살아난 것이 틀림없다며 겁에 질린다.

살로메를 사랑한 예술가들

오스카 와일드가 1892년 발표한 희곡《살로메》는 '데카당스의 성서'라는 수식어가 붙을 정도로 화제를 불러일으킨 세기말적 문제작이다. 와일드는 성경의 이야기를 비틀어 살로메가 어머니의 지시를 받아서가 아닌 요한에게 반해 그의 목을 요구하는 것으로 재해석했다. 근친상간, 동성애, 네크로필리아 등 작품에 나타난 퇴폐적 에로티시즘은 엄숙했던 당시 사회 분위기에 커다란 충격을 주었다.

와일드는 당대 최고의 배우였던 사라 베르나르를 염두에 두고 프랑스어로 작품을 썼지만, 검열과 캐스팅 등으로 난항을 겪으며 사라 베르나르의 출연은 결국 성사되지 못했다. 우여곡절 끝에 1896년 파리에서 초연된 공연 역시 큰 반향을 일으키진 못했다. 초연 당시 와일드는 미성년자와의 동성애 혐의로 기소되어 2년간의 징역형을 선고받고 복역 중이었다. 와일드는 〈살로메〉의 성공을 보지 못한 채 1900년 가난 속에서 세상을 떠났고, 영국과 프랑스에서 인정받지 못했던 이 작품은 독일로 건너가서 연극 무대에 올려지다가 1905년 슈트라우스의 오페라를 통해 재발견되었다.

살로메에게 먼저 매혹된 것은 화가들이었다. 르네상스 시대부터 살로메와 세례자 요한을 주제로 한 그림이 꾸준히 그려졌다. 르네상스 초기에 활동했던 화가 베노초 고촐리의 〈살로메의 춤〉에도 의붓딸의 춤에 매혹되지 않기 위해 애를 쓰는 헤로데 왕의 내적 갈등이 여실히 드러나 있다. 현재 프라도미술관이나 우피치미술관 등 이름난 미술관이라면 거의 어디에서든 살로메와 관련된 그림들을 찾을 수 있다.

19세기는 살로메의 시대였다. 19세기 말에 이르자 이 이야기가 세기말의 그로테스크한 시대 분위기와 어울려서인지 살로메를 모티브로 한 그림이 100점도 넘게 그려졌다. 귀스타브 모로가 그중 대표적인 화가다.

살로메라는 주제에 천착한 것은 비단 화가들만이 아니었다. 살로메에게서 영감을 얻었다고 전해지는 시만 해도 2천 편이 넘는데, 말라르메의 시 '살로메'가 대표적이다. 플로베르는 《에로디아드》라는 소설을 썼고, 마스네는 동명의 오페라를 작곡했다. 그러나 《에로디아드》에서 묘사된 요한과 살로메의 사랑은 크게 호응을 얻지 못했다. 살로메가 요한을 살리기 위해 애쓰다 그가 참수당한 뒤 스스로 목숨을 끊는다는 결말도 마찬가지였다. 지금과 같은 관능적이고 퇴폐적인 살로메의 이미지가 완성된 것은 오스카 와일드의 희곡과 이 작품에 음악을 입혀 완성한 슈트라우스의 오페라의 공이 크다.

나만 바라보고 있는 그 두더지 같은 눈

성경에서는 '헤로디아의 딸'이라고만 기록되어 있을 뿐 소녀의 이름은 어디에도 나와 있지 않지만 유대 역사가 요세푸스는 그의 이름을 '살로메'라고 기록하고 있다. 역사를 살펴보면 살로메의 가계는 매우 복잡하다. 헤로데 안티파스와 헤로디아는 둘 다 재혼이었는데, 더 정확하게 말하자면 헤로데 안티파스는 두 번째, 헤로디아는 세 번째 결혼이었다. 이 결혼은 둘의 이해가 맞아떨어진 것이었으나 도덕적으로는 커다란 비난을 받았다. 헤로디아의 두 번째 남편인 헤로데 빌립보 2세는 안티파스의 이복동생이었고, 헤로디아의 아버지 아리스토부루스 역시 안티파스와 이복형제 사이였던 것이다. 헤로디아는 두 번째와 세 번째 모두 삼촌뻘과 결혼한 셈이다. (살로메는 두 번 결혼하는데, 첫 번째 남편은 헤로데 빌립보 1세로 그 역시 헤로데 안티파스의 이복동생이다. 할아버지뻘과 결혼한 것이다.)

요세푸스는 요한의 죽음이 헤로디아나 살로메와는 관련이 없으며, 민중의 신망이 두터웠던 그가 투옥되자 민중이 봉기할 것을 우려해 헤로데 왕이 처형을 서둘렀다고 적고 있다. 성경에도 살로메는 어머니가 시키는 대로 천진하게 소원을 말하는 순진한 소녀로 그려져 있다. 하지만 오늘날 와일드의 해석을 통해 우리가 기억하는 살로메는 남성을 파멸로 몰고 가는 가장 극단적인 요부의 이름이 되었다. 살로메의 어원은 히브리어로 '평화'를 뜻하는 '살롬(Salome)'인데, 평화에서 파생된 이름을 가진 여성이 오늘날 팜므 파탈의 원형이 된 것이 매우 아이러니하다.

"더는 앉아 있지 않을 테야. 도저히 못 앉아 있겠어. 도대체 폐하는 그 두더지 같은 눈으로 왜 그렇게 계속 나만 보고 있는 거야? 눈꺼풀을 떨어가면서……. 내 어머니의 남편 되는 사람이 나를 그렇게 바라보다니 정말 이상한 일이야. 도대체 그 눈길이 무슨 의미인지 모르겠어. 아니, 실은 너무 잘 알고 있지."

와일드의 《살로메》를 지배하고 있는 것은 '아름다움을 탐하는 시선'과 '그 시선을 경멸하는 외면'의 대립이다. 와일드는 작품의 서두에 이 '위험한 시선'이 가져올 파국에 대해 복선을 깔아놓고 있다. 작품은 살로메가 헤로데 왕의 은밀한 눈길을 피해 성대한 연회에서 몰래 빠져나오는 것으로 시작된다. 자신을 따라다니는 그 눈길의 의미를 그는 누구보다 잘 알고 있다. 아름다운 여자로 태어나 아름다운 여자로 살고 또 죽어가게 될 살로메에게 남성들의 매혹에 찬 시선을 받는 것은 일종의 숙명 같은 것이며, 이는 평화를 뜻하는 그의 이름이 팜므 파탈의 대명사가 된 것과 무관하지 않다. 그는 남성들의 평화를 깨트린 불온한 존재다.

> "나를 바라보고 있는 이 여인은 누구인가? 감히 나를 보지 못하게 하리라. 왜 이 여인은 황금색 칠을 한 눈꺼풀 밑의 황금빛 눈으로 나를 바라보는가? 내 이 여인이 누군지 모르노라. 알고 싶지도 않노라. 그를 가라 이르라. 그에게는 말할 것이 없으니."

반대로 세례자 요한은 자신을 바라보는 살로메의 시선에 불쾌감을 느낀다. 살로메를 향한 시선과 살로메가 바라보는 시선은 엇갈린다. 아름다움으로 찬미의 대상이 되는 데 익숙한 살로메가, 자신이 난생처음 발견한 아름다움으로부터 외면당하는 순간이다. 와일드는 이 '아름다움을 탐하는 엇갈린 시선'이 빚어내는 긴장을 극단으로 밀어붙인다.

순결한 처녀의 아름다움을 지닌 달님

> "달님을 보니 참 좋군요. 달님은 은화 같기도 하고 조그마한 은빛 꽃봉오리 같기도 하네요. 차고 냉정한 달님은 분명 처녀일 거예요. 순결한 처녀의 아름다움을 지녔어요. 맞아요, 저 달님은 한번도 자신을 더럽힌 적 없는 처녀일 거예요. 다른 여신들처럼 자신을 남자에게 내맡긴 적이 없는 처녀 말이에요."

달빛을 받으며 테라스를 거니는 살로메의 모습은 실로 고혹적이다. 살로메에게 매혹된 것은 헤로데 왕 그 혼자가 아니다. 호위대장인 시리아인 나라보스 역시 "오늘밤 너무 아름다운 살로메 공주님"에게서 한순간도 눈길을 떼지 못한다. 나라보스에게 살로메는 "은빛 거울 속에 비친 흰 장미의 그림자"이며, "집을 향해 날아가는 비둘기"이며, "바람에 몸을 떠는 수선화"와도 같다.

헤로디아의 시종은 살로메를 바라보는 나라보스의 시선에서 뭔가 끔찍한 일이 일어날 것 같은 예감을 받는데, 극중에서 달빛은 이 불길하고 그로테스크한 분위기를 고조시키는 역할을 하고 있다. 헤로디아의 시종에게 달은 "자신을 수의로 감추려고 하는 죽은 여자의 손"이고, 나라보스에게는 "호박색 눈을 가진 어린 공주님"이다. 헤로데 왕은 달을 "연인을 찾아 사방을 헤매는 실성한 여자"처럼 느끼고, 헤로디아는 요한을 예언자라고 칭하는 사람들이 달을 너무 오래 바라봐 미쳤다고 말한다. 그들을 빨아들이고 미혹하는 달은 살로메의 또 다른 이름이다.

헤로데의 시선을 피해 밖으로 나온 그의 귀에 이상한 소리가 들린다. 우물에 갇혀 있는 요한의 목소리다. 살로메는 "아, 정말 이상한 목소리구나! 그와 이야기를 나누어보고 싶다"고 말하며 연회장으로 돌아오라는 왕의 명령을 물리친다. 요한의 목소리는 선원들을 유혹하는 세이렌의 그것처럼 살로메를 강하게 끌어당긴다.

요한이 갇혀 있는 우물은 살로메의 친부가 살해된 곳이기도 하다. 헤로데 왕은 이복형제인 헤로디아의 전남편을 우물에 가두고 죽기를 기다렸으나 뜻이 이루어지지 않자 결국 교살형에 처했다. 죽음이 어른거리는 우물 속에서 들려오는 요한의 목소리는 그 때문인지 더욱 매력적이다. 살로메는 요한의 얼굴을 보고 이야기를 나누고 싶어 한다. 우물을 지키고 있는 병사들이 만류하지만 그는 자신의 소원이 이루어지리라는 것을 안다. 대체 누가 "오늘밤 너무 아름다운 살로메 공주님"의 청을 거절할 수 있단 말인가?

살로메는 나라보스를 향해 요한을 만나게 해주면 다음 날 외출할 때 베일 너머로 그를 향해 미소를 지어주겠노라 약속한다. 포상금을 주는 것도, 진급을 시켜주는 것도 아닌 그저 미소 한 번. 살로메는 "나를 보세요. 당신도 나의 청을 당신이 들어주리란 걸 아시죠?"하며 호위대장을 채근한다. 시선은 힘이 세다. 살로메와 눈이 마주친 남자는 그의 뜻대로 움직이게 되어 있다. (그런데 잠깐. 이건 어디서 본 듯한 장면 아닌지? 앞 장의 《카르멘》에서도 호세는 카르멘의 눈짓 한번에 마음을 빼앗긴다.)

호위대장 나라보스는 한숨을 내쉬며 살로메의 말에 굴복한다. 살로메의 시선에 붙들린 나라보스에게 그가 미소 띤 눈길로 바라봐주겠다는 제안을 거절할 용기는 없다. 자신을 거절할 수 있는 남자가 없다는 것을 아직 어리고 순결한 소녀인 살로메는 본능적으로 알고 있는 것이다.

내가 원하는 건 당신의 붉은 입술

"당신의 몸은 낫질을 하지 않은 들판에 핀 백합처럼 하얗네요. 아라비아 여왕의 정원에 핀 장미인들 당신의 몸처럼 하얗지는 않죠. 아라비아 여왕의 향료 정원에 핀 장미도, 나뭇잎을 비추는 새벽의 발길도, 바다의 가슴에 걸터앉은 달님의 둥근 가슴도 당신의 몸처럼 하얗지는 않아요. 세상에 당신의 몸처럼 하얀 것은 없어요. 그 몸을 만져보게 해주세요."

요한의 음악 같은 목소리에 이끌린 살로메의 관심은 이내 요한의 몸으로 옮겨간다. 요한의 몸은 '처녀의 아름다움'을 지닌 달보다 희다. 목소리를 귀로 듣는 것과는 달리, 몸을 눈으로 보는 것은 성에 차지 않는다. 달은 너무나 멀리 있어 사람의 손이 닿을 수 없지만 요한의 몸은 그렇지 않다. 관능으로 터질 듯한 아름다운 남자의 몸, 게다가 그 몸은 자유를 박탈당한 채 갇혀 있는 신세다.

살로메는 요한의, 순결한 백합처럼 희고 바다에 뜬 달보다 흰 몸을 만져보게 해달라고 애원하지만 요한은 그를 죄의 근원인 소돔의 딸이라 부르며 자신에게 다가오는 걸 거부한다. 살로메가 난생처음 경험해보는 거절이다. 그가 요한의 아름다움을 숭배할수록 요한은 그를 경멸하고 외면한다. 그러나 요한이 자신을 거부하면 거부할수록 살로메의 마음은 줄에 매인 듯이 요한에게로 이끌린다.

> "내가 원하는 건 당신의 입술이에요. 당신의 입은 상아로 된 탑 위에 붙은 빨간 띠 같아요. 상아 칼로 두 동강 낸 석류 같기도 하고요. 티레의 정원에 핀 석류꽃은 장미보다는 붉지만 당신 입술만큼 붉지는 않지요. 왕이 납시었음을 알리어 적들을 겁먹게 하는 트럼펫의 붉은 나팔 소리도 당신 입술처럼 붉지는 않지요. 당신의 입술은 포도주 압축기에서 포도주를 밟은 발보다 더 붉어요. 신전에 살며 사제들이 주는 먹이를 먹고 사는 비둘기의 발보다 더 붉어요. 사자를 죽이고 황금색 호랑이를 보고 숲에서 막 나온 자의 발보다 더 붉어요. (중략) 세상에 당신의 입술처럼 빨간 것은 없어요. 그 입술에 키스하게 해주세요."

요한의 흰 몸에 매혹된 살로메의 시선이 마지막으로 도달한 것은 그의 붉은 입술이다. 아직 남자를 모르는 순진한 공주의 입에서 나온 말은 충직한 호위대장을 자살에 이르게 할 만큼 충격적이다. 왕의 명령을 어기고 우물의 뚜껑을 열고 죄인을 꺼낸 대가는 참혹했다. 밤 내내 눈으로 살로메를 쫓던 나라보스는 그가 요한에게 구애하며 키스를 요구하자 칼로 자신의 몸을 찌른다.

나라보스의 죽음을 목격한 헤로디아의 시종은 달이 그를 죽게 했다고 비통해하며 그에 대해 숨겨 왔던 마음을 토로한다. 동성애를 암시한 이 대목은 와일드가 실제로 동성애자라는 사실이 알려지며 더욱 거센 비난을 받았다. 이는 살로메의 시선을 빌리기는 했으나 앞서 인용한 글처럼 요한의 외모에 대한 지나친 찬미에서도 조금이나마 짐작해볼 수 있다.

이 붉은 입술의 이미지는 헤로데 왕의 연회석에서도 계속 반복된다. 헤로데는 살로메에게 "네 조그마한 빨간 입술을 이 술에 살짝 담그기만 하면 나머지는 내가 다 마셔버리마"하면서 술을 따라주고, "과일에 너의 조그마한 잇자국이 난 것을 보고 싶다. 이 과일을 조금만 베어 먹으렴. 그럼 나머지는 내가 먹으마"라는 말로 과일을 권한다. 연회 내내 플러팅과 성희롱을 아슬아슬하게 오가는 헤로데의 말에는 그의 달아오른 마음이 응축되어 있지만 살로메는 모른 척한다. 살로메가 한 모금 마신 술, 살로메의 잇자국이 남아 있는 과일, 살로메에게 입 맞추고 싶지만 그럴 수 없는 헤로데는 자신의 마음을 에둘러 표현한다. 헤로데 왕과 살로메, 헤로디아 사이에 감도는 공기는 성적 긴장감으로 터질 듯하다.

헤로디아가 "그애 좀 그만 쳐다봐요. 폐하는 늘 그애만 쳐다보고 계십니다"라고 지적하지만 헤로데의 귀에는 들리지 않는 듯하다. 헤로데가 헤로디아를 향해 아이를 낳지 못하지 않느냐고 힐난하자 헤로디아는 "늘 제 딸만 바라보는 폐하"가 어떻게 그런 말을 할 수 있느냐고 항변한다. 세 사람 사이의 시선은 계속 엇갈리지만 정작 시선의 표적이 되는 살로메는 무심하다.

음식을 거절하는 살로메를 향해 헤로데는 이번에는 춤을 추어달라 부탁한다. 살로메가 거절하자 이번에는 왕의 권위를 실어 명령하지만 돌아온 건 또다시 거절이다. 헤로디아는 헤로데를, 헤로데는 살로메를, 살로메는 요한을 바라본다. 시선은 엇갈리며 아름다움에 대한 갈망은 외면당한다. 아름다움은 다가갈수록 밀어내고 찬미를 경멸로 답하는 잔인한 속성을 지녔기 때문이다. 일방적으로 순환하는 시선의 방향은 마치 커다란 윤무를 보는 듯하다.

나를 위해 춤을 추어다오

"살로메, 나를 위해 춤을 추거라. 오늘밤 왠지 슬프구나. 그래, 오늘 밤 몹시 슬프구나. 이곳에 올 때 피를 밟았는데 그건 불길한 징조야. 게다가 허공에서 자꾸 날갯짓 소리가 들려. 거대한 날개들이 퍼덕이는 소리가. 그게 무슨 의미인지는 모르겠는데, 어쨌든 슬프구나. 그러니 나를 위해 춤을 추거라, 살로메. 제발 나를 위해 춤을 춰다오. 네가 나를 위해 춤을 춘 뒤 원하는 건 무엇이든지 말해라. 다 들어주리라. 그래, 나를 위해 춤을 추어다오. 그리고 원하는 걸 무엇이든 말하면 내 다 들어주리라. 내 왕국의 반이라도 주마."

헤로데의 명령을 완강하게 거절하기만 하던 살로메의 마음이 "원하는 건 무엇이든지 말해라"라는 말에 드디어 움직인다. 헤로데는 "네가 만약 내 왕국의 반을 요구한다면 여왕 치고는 지나치게 아름다운 여왕이 될 것"이라고 넌지시 암시한다. 의붓딸에게 사례를 장담하는 것이라고 하기엔 너무나도 수상쩍은 말이다. 물론 앞에서도 언급한 것처럼 살로메는 헤로데가 왜 그렇게 말하는지 알고 있다.

실제로 살로메가 헤로데 앞에서 춘 춤이 어떤 것이었는지는 성경에서 역사서에도 제대로 기록되어 있지 않다. 와일드의 희곡에서도 살로메가 샌들을 벗고 일곱 개의 베일을 두르고 춤을 추었다고만 되어 있을 뿐이다. 이 '일곱 베일의 춤'이 오늘날 이처럼 회자되는 것은 전적으로 슈트라우스의 오페라 덕분이다.

헤로디아는 살로메의 춤을 극구 만류하지만 살로메는 춤을 추기 시작한다. 오페라에서는 베일을 한 겹씩 벗어던지며 춤을 추던 살로메가 이윽고 베일 일곱 개를 모두 벗고 나체에 가까운 상태가 되어 왕의 발 앞에 쓰러진다. 이 장면의 오페라 음악은 이국풍의 낯선 선율로 시작해 익숙한 왈츠 선율로 넘어가는데, 줄거리상에서는 살로메가 명령에 따라 춤을 추는 것일 뿐이지만 음악과 춤의 어울림은 남성의 마음을 사로잡는 요부의 유혹으로 변질된다. 갖고 싶은 것을 갖기 위해 살로메는 자신이 가진 것 중에서 가장 강력한 무기를 사용했을 뿐이다. 시선을 다룰 줄 아는 그는 조금 전 시선에 상처를 입은 참이다.

와일드는 성경의 전승과는 달리 살로메 자신이 요한의 목을 요구한 것으로 내용을 바꾸었다. 자신에게 소돔의 딸, 바빌론의 딸, 간음녀의 딸, 근친상간을 범한 여자의 딸이라고 저주를 퍼부은 요한에게 키스하기 위해서다. 성경의 인물이 무대로 옮겨지면서 살로메는 분명한 자기 목소리를 가진 인물이 되었지만 팜므 파탈의 가장 극단적인 모습으로 각인되는 것은 피할 수 없다. 예상치 못한 소원에 깜짝 놀란 헤로데는 "나의 보석은 모두 너의 것이 될 수 있다"고 말하며 카이사르의 것보다도 더 큰 에메랄드도, 세상 어디에도 없는 공작새 100마리도, 대사제의 망토와 신전의 베일도 주겠다고 회유한다. 그러나 살로메가 원한 것은 오직 하나, 요한의 목이었다.

> "아! 왜 당신은 나를 바라보지 않았나, 요한? 당신은 손과 욕설 뒤에 당신의 얼굴을 숨겼지. 당신은 당신의 눈에서 신을 보고자 하는 사람의 눈을 가렸지. 당신은 당신의 신만 보고 나는 보려 하지 않았어. 당신이 나를 보았다면 분명 나를 사랑했을 텐데. 나는 당신을 보고 당신을 사랑했어. 오, 내가 당신을 얼마나 사랑했는데! (중략) 공주인 나를 당신은 경멸했지. 나는 순결한 처녀였는데 당신은 나로부터 그 순결을 앗아갔어. 나는 청순한 여자였는데 당신이 나의 혈관에 불을 질러버렸어. 아! 아! 왜 당신은 나를 보지 않았지? 당신이 나를 보았다면 분명

나를 사랑했을 텐데. 분명 당신은 나를 사랑했을 거야. 사랑의 신비는 죽음의 신비보다 더 강한 거란 말이야."

은쟁반에 담긴 요한의 잘린 머리에 키스하는 살로메의 모습은 매우 그로테스크한 이미지다. 와일드의 희곡이 발표되기 반세기 전, 스탕달은 《적과 흑》에서 살인죄로 참수형에 처해진 쥘리엥 소렐의 머리에 약혼녀 마틸드가 키스하는 장면을 넣은 바 있다. 살로메 이야기에 관심을 가진 화가들은 특히 살로메의 키스에 매혹되었다. 귀도 레니, 보티첼리, 카라바조 등의 거장이 〈살로메와 세례자 요한의 머리〉라는 비슷한 제목의 그림들을 남겼다.

살로메를 그린 것은 아니지만 와일드가 묘사한 살로메의 이미지와 가장 흡사한 것은 클림트의 〈유디트〉다. 적장의 목을 벤 여성 영웅 유디트의 모습을, 클림트는 영웅, 용기, 고귀함 등의 가치를 휘발시킨 채 전리품을 안고 승리에 도취된 관능의 화신으로 묘사했다. 반라의 모습으로 옆구리에 적장 홀로페르네스의 머리를 끼고 있는 유디트의 모습은 이제야 그토록 원하던 키스를 할 수 있게 된 살로메를 떠올리게 한다.

살아서는 만지지도 키스하지도 못했던 요한, 그의 머리가 죽은 다음에야 은쟁반에 담겨 살로메의 손에 들어온다. 살로메는 자신의 키스를 거부하고 자신을 바라봐주지 않았던 그에게 원망을 쏟아내며 마침내 그의 머리를 들어올려 키스한다. 죽여서라도 그를 갖고 싶었던 소녀의 마음은 순수하기에 더욱 잔혹하다.

이 그로테스크한 장면을 더 이상 지켜보지 못하고 헤로데는 살로메를 죽이라는 명령을 내린다. 살로메가 요한의 머리에 키스하는 순간은 헤로데에게는 자신의 시선이 박탈당하는 순간이었다. 하지만 나라보스가 자신의 목숨을 끊은 것과는 달리 헤로데는 살로메를 죽여 이 끔찍한 사랑을 끝내고자 했다. 그러나 살로메가 헤로데에 의해 목숨을 잃은 것은 요한이 살로메의 요구로 참수형에 처해진 것만큼 알려지지 않았다. 그래서 오늘도 무대 위에서 쉬지 않고 되살아나는 살로메는 팜므 파탈의 모습으로만 재현된다.

그의 목숨을 구해준 대가로 얻은 것

메데이아 _ 에우리피데스 作《메데이아》,
크리스타 볼프 作《메데이아, 악녀를 위한 변명》 등장인물

당신이 날 구해준 건
에로스가 쏜 사랑의 화살에 맞아
무분별하게 날 사랑했기 때문이오.
하지만 너무 세세하게 따지고 싶진 않소.
어쨌든 당신이 도와준 건 고마운 일이니까.
그러나 이 점은 분명히 해야겠소.
내 목숨을 구해준 대가로
당신은 준 것보다 더 많은 걸 얻지 않았소?

-《메데이아》 중 이아손의 대사

야만의 땅에서 온 이방인 여성

메데이아는 그리스 신화를 통틀어, 아니 세상에 존재하는 모든 이야기 중에서 가장 잔혹하고 무자비한 이야기로 평가받는다. 자식 살해라는 끔찍한 범죄를 저지른 메데이아는 우리가 최후의 보루처럼 간직하고 있는 모성이라는 신화를 산산이 부서트리는 존재이기 때문이다.

우리가 익히 알고 있는 것과 같이 메데이아는 '흑마술에 능한 마녀'지만, 그보다 더 중요한, 그러나 더 쉽게 간과해버리는 메데이아의 정체성은 '야만의 땅에서 온 이방인 여성'이라는 것이다. 사실 이 '흑마술에 능한 마녀'라는 정체성은 '야만의 땅에서 온 이방인 여성'에 대한 두려움과 혐오에 덧씌워진 가면이나 진배없다.

지금도 우리가 뭔가 꺼려지는 것에 대해 느끼는 두려움과 혐오를 정당화하기 위해 이유를 찾는 것처럼(혐오의 오래된 신화인 동성애는 성경에 금지되어 있다거나 진화론적으로 종족의 번식에 기여하지 못한다거나), 메데이아에게 씌워진 마녀라는 프레임 역시 그를 두려워하고 혐오하는 자들이 그 두려움과 혐오가 근거 없는 것이 아니라고 강변하기 위해 만들어낸 것일지도 모른다.

그러나 두려움과 혐오의 왕관을 쓴 메데이아는 또 그만큼 창작자들을 매혹하는 존재이기도 해서, 메데이아 이야기는 책과 영화로, 연극으로, 오페라로, 발레로 다양하게 변주되며 쉬지 않고 재창작되고 있다. 현대에 가장 잘 알려지고 가장 많이 공연되는 작품은 기원전에 활동한 작가 에우리피데스가 쓴 것이지만, 오스트리아의 그릴파르처나 독일의 크리스타 볼프 등 후대의 작가들 역시 끊임없이 메데이아의 재해석에 매달렸다.

어찌하여 아르고 호가
검푸른 암초 심플레가데스를 피해
콜키스 땅에 이르렀단 말인가?
이찌하여 펠레온 산의 큰 전나무가
도끼에 잘리고 노(櫓) 되어,
펠리아스 왕을 위해
황금 양피를 찾으러 떠났던
이아손과 무사들의 손에 전해졌던가?
그런 일이 없었더라면,
우리 메데이아 마님께서
이아손에 대한 사랑으로 눈이 멀어,
이올코스 땅의 성채를
찾아갈 리도 없었을 것이고,
펠리아스 왕의 딸들을 속여
그 아비를 죽게 하지도 않았을 텐데.
그럼 이올코스 땅에서 도망쳐
메데이아가 지금 이곳에서
남편과 자식들과 살지도 않았을 텐데!

에우리피데스는 메데이아에게 추방령이 내려진 다음을 이야기의 기점으로 삼는다. 극중 가장 먼저 등장하는 인물인 유모는 남편에게 헌신했지만 모든 것을 잃고 쫓겨나는 신세가 된 메데이아의 운명을 한탄하면서 관객들에게 그동안 메데이아에게 일어난 일을 요약해서 알려주는 역할을 하고 있다.

반면 그릴파르처는 메데이아와 이아손 부부가 코린토스에 도착한 시점부터 이야기를 풀어간다. 메데이아는 이제 흑마술에서 손을 떼고 새로운 삶을 살아가기로 결심하고, 이를 곁에서 지켜보는 유모는 그가 과거의 흔적을 지우려고 하는 데에 반발한다. 그릴파르처의 메데이아는 코린토스에 도착하자 모든 과거를 부정하고 새로운 삶을 시작하려고 한다. 콜키스 땅에 상륙한 이아손을 처음 본 순간부터 그에게는 이아손과 함께하는 것만이 삶의 전부가 되었기 때문이다. 메데이아에게 마법의 도구들은 힘의 원천이지만 이아손을 위해서라면 그조차 버릴 수 있다.

그릴파르처는 새로운 땅에서 남편과 새로운 출발을 하려고 하는, 지극히 인간적인 메데이아의 모습을 조명한다. 그가 그려낸 메데이아는 남편에게 배신당하고 자식들에게는 외면당해 막다른 곳에 몰린, 인간적인 분노로 피폐해진 여성이다.

코린토스의 메데이아에게 남은 것은 극단의 선택뿐이다. 코린토스의 메데이아가 왜 이다지도 극단에 몰렸는지, 그렇다면 코린토스에 오기 전의 메데이아에게는 대체 어떤 일이 일어났는지를 먼저 살펴볼 필요가 있을 것이다. 메데이아의 이야기를 제대로 이해하려면 그의 남편이 되는 이아손의 모험담 이야기를 빼놓아선 안 되고, 또 이아손이 모험을 떠나는 계기를 마련해주는 프릭소스의 황금 양 이야기를 듣지 않고선 메데이아와 이아손의 만남을 온전히 파악할 수 없다.

안티고네 이야기로 들어가기 전에 오이디푸스 왕의 비극적인 전사(前事)를 먼저 알아야 한다거나, 엘렉트라와 이피게네이아의 개별적인 이야기를 읽기 전에 아가멤논이 참전한 트로이 전쟁사를 먼저 들여다봐야 하는 것처럼, 그리스 신화 속의 이야기들은 물레에 감긴 실타래처럼 하나의 이야기가 다른 이야기로 끊이지 않고 이어지는 법이니까.

황금 양피를 찾는 영웅, 흑마술을 쓰는 마녀

아타마스 왕의 두 번째 부인인 이노는 전처 소생인 프릭소스와 그의 여동생 헬레를 죽이기 위해 계략을 꾸민다. 그

계략이란 신탁을 조작해 계속되는 흉년을 벗어나기 위해서는 프릭소스를 제물로 바쳐야 곡식이 잘 자랄 수 있다고 왕에게 고하는 것이었다. 아내가 꾸민 계략을 추호도 의심하지 않고 믿어버린 아타마스는 아들을 제물로 삼는 것에 순순히 동의하지만 다행히도 프릭소스는 친모가 보낸 황금 양 덕분에 위기에서 벗어난다. 황금 양이 프릭소스와 헬레 남매를 등에 태우고 바다를 건너가는 동안 헬레는 바다에 떨어져 그만 목숨을 잃고, 프릭소스 혼자 콜키스에 다다른다. 콜키스 왕 아이에테스의 환대를 받으며 그곳에 머물게 된 프릭소스는 자신을 구해준 황금 양을 제우스에게 제물로 바친 뒤 그 가죽을 벗겨 아이에테스에게 선물한다.

아이에테스는 딸 칼키오페를 프릭소스와 결혼시켜 그가 콜키스에 정착해 살 수 있도록 아낌없는 도움을 주지만 뒤에 이방인이 자신의 왕국에서 황금 양피를 훔쳐가 자신을 왕위에서 몰아낼 거란 신탁을 받자 위협을 느끼고 그를 살해한다. 이때 프릭소스의 살해에 가담한 것이 그의 또 다른 딸 메데이아다.

메데이아의 남편이 되는 이아손은 테살리아 지방 이올코스의 왕자로, 숙부 펠리아스가 찬탈해간 왕위를 되찾고자 한다. 펠리아스 왕은 동방의 황무지 콜키스에 가서 황금 양피를 가져오면 그의 왕위계승권을 인정해주겠다는 조건을 내건다. 그 유명한 아르고 호의 모험은 바로 여기서부터 시작된다.

콜키스는 문명이 발달한 그리스에 비해 원시의 생활양식이 그대로 남아 있는 땅이다. 신화의 전승자들은 콜키스를 동방의 황무지로 묘사하며 나무로 지어진 콜키스의 소박한 궁전이나 메데이아의 어두운 피부색 등을 가리키며 동방에 대한 편견 어린 시선을 감추지 않는다. 야성과 정열을 간직한 메데이아는 이아손을 보고 한눈에 사랑에 빠지고 마는데, 이방인 신분으로 현지인의 우정을 기대해야 하는 이아손에게도 이 비범하게 지혜로운 여성이 매력적으로 비쳤으리라는 것은 불 보듯 당연한 일이다.

메데이아는 아버지가 제시하는 까다로운 문제를 풀 수 있도록 이아손을 적극적으로 돕고, 마침내 황금 양피를 손에 넣고 떠나려는 이아손 일행을 아버지와 남동생이 추격해오자 남동생을 죽여 추격을 따돌리기까지 한다. 그릴파르처의 판본에는 조금 다른 결말로 되어 있는데, 메데이아의 남동생은 이아손에게 잡혀 명예롭지 못한 최후를 맞느니 자살을 선택하고, 아이에데스 역시 딸 메데이아와 이아손을 저주하며 스스로 목숨을 끊는다.

콜키스를 떠나오면서 메데이아와 이아손의 관계는 역전된다. 콜키스의 왕녀로 영웅의 든든한 조력자였던 메데이아가 고향을 떠남과 동시에 보호와 온정이 필요한 연약한 이방인이 된 것이다. 게다가 이아손의 고향인 이올코스로 돌아가자 콜키스에서 벌어진 끔찍한 일을 전해들은 이올코스 사람들은 메데이아를 백안시하며 등을 돌린다. 메데이아에 대한 냉대는 이후 코린토스에서도 비슷한 양상을 띤다. 야만의 땅에서 온 이방인, 흑마술을 사용할 줄 아는 위험한 여자라는 이중의 경계는 메데이아를 옥죄는 그물인 동시에 그의 또 다른 이름이 된다.

이아손은 황금 양피를 가지고 개선장군처럼 고향으로 돌아가지만 숙부 펠리아스에게는 그에게 왕위를 내어줄 생각이 전혀 없다. 이에 메데이아는 노쇠한 왕을 젊게 만들 수 있는 비법을 알려준다며 펠리아스의 딸들을 회유하여 그의 살해 음모를 꾸민다. 그릴파르처의 판본에서는 갑작스러운 열병으로 사망한 펠리아스의 사인을 두고 복수심에 불타는 친척과 이올코스 사람들이 펠리아스의 죽음 배후에 메데이아가 있다고 믿고 이아손과 메데이아를 추방하는데, 그릴파르처는 작품 곳곳에 메데이아가 이방인으로서 겪는 고초를 심어두었다. 에우리피데스의 원전에서는 메데이아가 여성이라서 무시당하는 자기 존재에 대해 한탄하고 있다면, 그릴파르처의 메데이아는 이방인으로서의 서러움을 토로하고 있어 좋은 비교가 된다.

이올코스의 왕을 살해했다는 혐의가 씌워진 그들 부부를 받아주는 곳은 그리스 안에는 없었다. 몇 년 동안 이방인으로 떠돌며 자식들까지 생긴 부부의 삶은 고단하기 짝이 없었을 것이다. 한 사람은 왕위 계승자였고 또 한 사람은 왕녀이자 왕실의 제사를 집전하던 사제였지만 모두 과거의 영광에 불과하다. 그러나 모든 사람이 그들을 외면한 것은 아니어서 코린토스 왕 크레온이 그들에게 온정의 손길을 내민다. 그러니까 이 기나긴 이야기를 거치고 난 다음, 이아손과 메데이아가 코린토스로 흘러 들어갔을 때부터가 메데이아의 진짜 이야기가 시작되는 것이다.

우리가 있는 곳은 괴물들이 아니라 인간들 가운데

약초로 음료나 잠자는 약을 만들어서는 안 돼.

달에게 말을 걸거나 죽은 자를 방해해서는 안 돼.
여기 사람들은 그런 걸 미워하고 나는 — 나도 그런 짓을 미워하오!
우리는 콜키스에 있는 게 아니라 그리스에 있는 거요!
괴물들과 있는 게 아니라 인간들 가운데 있소.
하지만 당신이 이제 그런 일을 하지 않는다는 걸 알고 있소.
당신은 그걸 약속했고 또 그 약속을 지키고 있지.
당신 머리에 두르고 있는 그 빨간 베일,
그건 내게 과거의 모습들을 생각나게 해.
왜 당신은 이 나라의 복장을 하지 않는 거요?
콜키스에서 내가 콜키스 사람이었듯이
그리스에서는 당신이 그리스 여자가 되어야 해.

방랑자로 떠도는 동안 이아손의 영웅적인 면모는 어느덧 사라졌고, 영웅의 모험을 완성하기 위해 아프로디테 여신이 메데이아에게 불어넣은 사랑의 기운도 소진되고 말았다. 남은 것은 왕년의 모험담뿐. 그릴파르처는 메데이아와 이아손 부부 사이에 내려앉은 먼지 같은 권태를 섬세하게 묘사한다. 사랑이 변하는 게 아니라 사람이 변하는 거라 했던가. 메데이아도, 메데이아의 사랑도 그대로였지만 코린토스의 이아손은 콜키스의 이아손과는 이미 다른 사람이었다. 콜키스에서는 살아남기 위해 콜키스 사람처럼 행동하고 콜키스 여성 메데이아를 사랑했던 이아손은 이제 메데이아에게 남아 있는 콜키스의 흔적을 보면서 짜증을 내는 남자가 되어버렸다.

게다가 크레온 왕의 후의는 두 남자로 하여금 다르고도 같은 마음을 품게 한다. 아들이 없어 후사가 걱정인 왕은 영웅에게 딸 글라우케를 맡겨 왕국의 앞날을 튼튼히 하려 하고, 오랫동안 방랑의 세월을 보낸 과거의 영웅은 왕의 사위가 되어 편안한 생활을 꿈꾸게 된다. 두 남자의 이해관계가 절묘하게 일치하는 지점이다. 에우리피데스의 크레온은 단도직입적으로 걸림돌이 되는 메데이아와 그의 아들들에게 추방령을 내리고 그릴파르처의 크레온은 한 발 더 나아가 메데이아를 야만인 보듯 하며 경멸스러운 시선을 숨기지 않는다.

난생처음 느끼는 모멸감에 메데이아는 "고향에서는 가장 귀한 여자였는데 여기서는 먼 나라에서 온 이방인이며 모든 인간 가운데 가장 천한 여자, 가장 열등한 여자"가 되었다고 한탄한다. 메데이아가 참담한 심경으로 자신이 이아손에게 어떤 존재였는지와, 또한 자신이 콜키스에서부터 해 온 일들을 조목조목 이야기하지만 이아손은 몰염치한 대답으로 메데이아의 분노에 불을 붙인다.

당신은 날 구해주었다고 우쭐대지만
내 생각으로는, 날 구해준 건
오직 아프로디테 여신뿐이오.
그 밖의 어떤 신도 인간도 아니오.
비위에 거슬리는 말이겠지만,
당신이 날 구해준 건
에로스가 쏜 사랑의 화살에 맞아
무분별하게 날 사랑했기 때문이오.
하지만 너무 세세하게 따지고 싶진 않소.
어쨌든 당신이 도와준 건 고마운 일이니까.
그러나 이 점은 분명히 해야겠소.
내 목숨을 구해준 대가로
당신은 준 것보다 더 많은 걸 얻지 않았소?

크레온의 눈에 들어 이제 그의 사위가 될 예정인 이아손에게 그동안 고락을 함께했던 메데이아는 거추장스러운 존재다. 그는 이 결혼이 메데이아가 낳은 자식들까지 왕족으로 살 수 있는 기회라는 궤변으로 메데이아를 설득하려 한다. 이아손의 말은 메데이아의 자식들 아비가 누구인지는 까맣게 잊은 듯하다. 이아손의 머릿속에서 메데이아의 헌신은 이미 등가교환이 끝났다. 메데이아가 자신을 희생해서 잃기만 한 것이 아니라 그만큼 얻어간 것이 있다.

이아손이 선심 쓰듯 하는 말에 메데이아는 지독한 모멸감을 느낀다. 분노에 찬 메데이아는 자신을 밀어내고 이아손의 아내 자리를 차지할 글라우케는 물론 두 아들까지 살해하기에 이른다. 이아손을 죽이는 것보다, 그가 자식을 위한 길이라고 믿고 있는 결혼을 훼방 놓고 아들들의 죽음을 목격하게 함으로써 고통을 주는 쪽을 택한 것이다.

남편에게 고통을 주기 위해 자신이 낳은 자식을 제 손으로 죽여버릴 정도로 메데이아의 원한은 깊고도 뜨겁다. 그 원한이 가 닿은 범위는 자신이 낳은 아들들과 미래에 아들을 낳을 가능성이 있는 여성, 글라우케에게까지다. 메데이아의 뜨거운 원한은 이아손에게는 닿지 않는다. 메데이아는 이아손이 아들들의 죽음에 괴로워할 기회조차 주지 않겠다는 듯, 죽은 두 아들을 양팔로 끌어안은 채 용이 끄는 마차를 타고 하늘로 올라간다.

신화 속에선 비슷한 이야기들이 되풀이되는 편인데, 메데이아가 글라우케를 죽음으로 몰아넣은 방식은 헤라클레스의 죽음 장면과도 닮아 있다. 헤라클레스의 독화살에 목숨을 잃은 켄타우르스 네소스는 죽기 직전에 헤라클레스의 아내 데이아네이라에게, 뒷날 혹시라도 헤라클레스가 다른 여자에게 눈길을 주는 일이 생긴다면 자신의 피를 받아두었다가 헤라클레스의 옷에 바르면 그의 마음을 돌이킬 수 있다고 일러두었다.

과연 헤라클레스가 포로로 잡은 오이칼리아의 공주 이올레에게 마음이 기우는 듯하자 데이아네이라는 그 말을 기억했다가 네소스의 피가 묻은 옷을 남편에게 입힌다. 그 결과는 남편의 마음이 돌아서는 것이 아니라 독 기운이 깃든 옷이 남편의 육신에 불을 질러 죽음에 이르게 한 것이었다. 영웅의 아내가 될 꿈에 부풀어 있던 글라우케는 영웅 헤라클레스와 같은 방식으로 죽음을 맞았으니 이 또한 기막힌 운명의 장난인지도 모르겠다.

제2의 눈을 가진 치유자 여성

독일 작가 크리스타 볼프는《메데이아, 악녀를 위한 변명》이라는 소설을 통해 후대에 덧씌워진 메데이아의 악녀 이미지에 반기를 든다. 볼프는 신화가 전하고 있는 사실들, 이아손과 메데이아의 결혼, 콜키스에서의 도피, 남동생 압시르토스의 죽음, 코린토스에의 정착, 글라우케의 죽음, 아들들의 죽음 등을 사실로 남겨놓으면서도 이를 메데이아 입장에서 완전히 새롭게 재구성한다.

볼프의 새로운 해석에서는 목적을 위해서라면 흑마술을 동원하는 것을 마다하지 않는 마녀 메데이아가 지워지고 그 자리에 낯선 땅에서 상처 입은 몸과 마음에 생명의 온기를 불어넣는 치유자 메데이아가 세워진다. 그리고 메데이아의 대척점에 코린토스의 기득권 세력을 대표하는 천문학자 아카마스를 우뚝 세운다. 아카마스는 이방인을 배척하는 차별주의자로, 메데이아의 비극은 크레온의 욕심이 아니라 아카마스의 음모에서 비롯된다. 메데이아를 시기하는 그의 제자 아가메다도 아카마스와 손을 잡는다.

우리는 머리를 맞대고 앉아 그 계획을 자주 상세하게 가다듬었으며, 기쁨에 넘친 나머지 그날 밤 결국 동침했다. 모든 가능성을 한데 아우르는 참으로 천재적인 계획이었다. 콜키스에서 동생 압시르토스를 살해했다는 죄목으로 메데이아를 고발하자는 내용이었다. (중략) 메데이아가 동생을 살해했다는 게 사실이냐는 물음에, 우리는 미리 약속한 대로 당시 콜키스에 나돌았던 이 소문을 어쨌든 부정한 사람은 없었으며 메데이아 자신도 결코 반박한 적이 없다고 대답했다.

볼프의 소설에 따르면 메데이아가 저지른 것으로 신화에 기록된 모든 죄악, 그러니까 마녀에 대한 응징에 정당성을 부여하는 이 모든 범죄는 메데이아를 파멸시키기 위해 조작된 것들이다. 남동생의 죽음은 메데이아의 잔인함을 고발하기 위해 아가메다가 꾸며내고 아카마스가 묵인한 것이며, 아들들을 죽인 것 역시 메데이아가 아니라 코린토스에서 그를 추방한 세력의 짓이다. 역사의 기록은 패배자 혹은 소수자에게 과(過)를 뒤집어씌우기 마련이니까. 그렇다면 메데이아의 무엇 때문에 그들은 메데이아에게 자식 살해라는 잔혹한 악녀 이미지를 덧씌웠을까.

볼프는 코린토스 사람들이 메데이아의 자신감을 교만이라 부르고 그가 고개를 꼿꼿이 들고 다니는 모습을 증오했다고 쓰고 있다. 야만의 땅 콜키스에서 흘러들어온 메데이아와 그를 따르는 사람들이 온정을 기대하며 손을 벌리지 않는 것은 코린토스인들, 특히 코린토스 기득권 세력의 심기를 거스른다.

메데이아는 자신이 가진 치유 능력으로 간질병을 앓고 있는 글라우케를 치료하고 페스트가 도는 코린토스 각지를 돌아다니며 병자들을 구완한다. 메데이아의 능력을 경계하고 있던 천문학자 아카마스는 그가 코린토스인들에게 도움을 주고 신망을 얻는 것에 위협을 느낀다. 게다가 크레온까지 메데이아의 남편인 이아손에게 호감을 느끼고 곁에 두려고 하자 위기감은 더욱 증폭된다. 아카마스는 이아손과 메데이아 사이를 이간질하고 메데이아의 몸종 아가메다를 회유해 메데이아에게 불리한 증언들을 확보한다. 그가 메데이아를 파멸시키기 위해 수단과 방법을 가리지 않는 것은 이방인에 대한 혐오도 있지만, 더 근원적인 곳에는 메데이아에 대한 열등감이 깊이 자리잡고 있다.

메데이아의 치유 능력은 별을 읽고 점을 치는 것이 일인 자신의 권위에 대한 도전처럼 받아들여지고, 아카마스는 자신이 갖지 못한 것을 가진 메데이아에게 점점 더 열등감을 느낀다. 아카마스가 메데이아를 거꾸러뜨리려 하면 할수록 메데이아의 태도는 더욱 당당해지고, 그 당당함은 그의 화를 부채질한다. 아카마스의 열등감은 시기심으로 발전하고, 메데이아는 그의 음모에 따라 추방되는 신세가 된다. 메데이아를 정신적 지주로 따르던 글라우케는 절망으로 우물에 뛰어들어 자살하고, 실의에 잠긴 크레온 왕은 죽은 듯이 궁 가장 깊숙한 방에 틀어박혀 아카마스 외에는 아무도 만나지 않는다.

볼프는 이방인으로 손가락질 받는 메데이아의 숙명을 그의 어머니의 목소리를 빌려 이렇게 이야기한다.

> "어머니는 저를 가리켜 이 아이에게는 제2의 눈이 있다고 말씀하셨습니다. 이곳에 온 후로 저는 그 제2의 눈을 거의 잊은 채 살아왔지요. 코린토스 사람들은 제게 무슨 마력이라도 있는 양 저를 병적으로 두려워합니다. 때로 그들 때문에 저 스스로 그 능력을 억누르지 않았나 하는 생각이 들기도 합니다."

어머니가 말한 '제2의 눈'이란 말하자면 흑마술 같은 것이다. 메데이아가 마녀이기 때문에 사람들에게 두려움을 주는 것이 아니라 그를 두려워하는 사람들에 의해 마녀가 되어야만 했던 것이다. 메데이아는 "저들은 나를 자식을 살해한 여자로 낙인찍으려는 것이다"라며 자신을 둘러싼 음모를 간파하지만 그가 할 수 있는 것은 아무것도 없다. 그는 이모인 키르케가 마녀라는 오명을 쓰고 고립된 것과 똑같은 전철을 밟는다.

> "이 몸을 끌고 어디로 가야 하는가. 나에게 어울리는 세계, 나에게 어울리는 시간은 과연 어디에 존재할 것인가. 그 대답은 이것뿐이다. 물어볼 사람이 아무도 없다."

추방당한 메데이아의 마지막 말은 서늘하다. 메데이아가 자신에게 던진 질문은 엄혹한 여성혐오의 세계를, 여성혐오의 시간을 살고 있는 현대의 여성들에게도 고스란히 적용된다. 나에게 어울리는 세계와 시간이 어디 있는지 물어볼 사람도 없이, 우리도 무거운 몸뚱이를 끌고 그저 지금 여기를 버티며 살아가는 수밖에 없다.

에필로그

모든 것에는 항상 다른 면이 있다

예술 안과 밖에서 죽음을 원하는 여자들

얼마 전 김영하의 첫 장편소설《나는 나를 파괴할 권리가 있다》가 작가 등단 25주년을 맞이해 개정판으로 새롭게 출간되었다. 개정판 작가의 말에서 그는 "이 소설은 한 시대의 산물이고, 세상에 나가 독자를 만난 지도 오래되었기 때문에 이제는 어느 정도 공공재처럼 느껴진다"라고 이야기한다. 한 권의 책이 세상에 나와 공공재가 될 만큼의 세월이 흐르고 나서 달라진 시대의 풍경은 어떤가.

내가 오래전에 읽고 덮어두었던 이 책을 다시 떠올린 것은 지난해 4월, 디시인사이드 우울증 갤러리 이용자의 투신 자살 사건이 일어났을 때였다. 해당 사건은 10대 여성 청소년 A양이 강남구 테헤란로 한 건물 옥상에서 투신하는 장면을 생중계하며 세상에 알려졌는데, 그는 사망하기 전 자신의 SNS 라이브 방송으로 투신자살 계획을 사전 공개했고, 투신을 실행하기 한 시간 전까지 20대 남성 B씨를 만나 자살 과정에 대해 논의했다고 한다.

A양은 B씨가 우울증 갤러리 게시판에 올린 '함께 극단 선택을 할 사람을 모집한다'라는 글을 보고 연락했고, B씨는 A양과 만난 직후에도 갤러리에 사건 경위에 대한 글을 올려 이용자들과 공유했다. 이후 B씨는 자살방조죄 및 자살예방법 위반 혐의로 검찰에 송치되었고, 갤러리에서 또 다른 10대 청소년 C양을 만나 성폭력을 저지른 사실이 확인되어 미성년자 의제강간 혐의로 구속 기소되었다. 그는 C양이 중학생인 것을 알고 있었다며 모든 혐의를 인정했다.

어떤 창작물을 '한 시대의 산물'이라 칭하는 것은 때로 매우 복잡한 논의를 단순화하는 것일 수 있다. 밀레니엄에 대한 기대와 세기말적 허무가 공존하던 90년대 후반, 김영하의 《나는 나를 파괴할 권리가 있다》는 나르시시즘과 에로티시즘을 매혹적으로 결합시킨 화제작으로 평단과 독자의 마음을 단번에 사로잡았다. 소설은 '자살안내인'인 화자가 자살을 원하는 고객의 의뢰를 받아 고객이 원하는 방식으로 이를 조력하는 이야기다. 여성 고객의 경우 조력 내용에 성관계가 포함되기도 한다. 소설에서는 두 명의 여성 고객, 유디트와 미미가 화자에게 자살 조력을 의뢰하는데, 화자에 따르면 유디트는 편안하게, 미미는 멋지게 떠났다. 작품 말미에 화자는 이렇게 말한다.

> 이 글을 보는 사람들 모두 일생에 한 번쯤은 유디트와 미미처럼 마로니에공원이나 한적한 길모퉁이에서 나를 만나게 될 것이다. 나는 아무 예고 없이 다가가 물을 것이다. 멀리 왔는데도 아무것도 변한 게 없지 않느냐고. 또는, 휴식을 원하지 않느냐고. 그때 내 손을 잡고 따라오라.

한국문학에서 자살이 이토록 쿨하게 그려진 작품이 김영하 이전에도 있었을까. 개정판을 출간한 출판사 복복서가에서는《나는 나를 파괴할 권리가 있다》로 '김영하 월드'에 입성한 첫 번째 독자군을 "이들은 근대 한국문학의 정서적 토대였던 낭만주의와 센티멘털리즘을 단 한 권의 소설로 격파한 김영하를 보면서 짜릿한 대리만족을 경험했다"라고 설명한다.

그리고 김영하와 그 독자들의 의도와 무관하게, 밀레니엄에 대한 기대도 세기말적 허무도 사라진 지 오래인 지금은 굳이 마로니에공원이나 한적한 길모퉁이에 나가지 않더라도 우울증 갤러리라는 '본진'을 갖게 된 온라인 커뮤니티를 통해 누구나 쉽게 작품 속 화자와 같은 자살 조력자들을 만날 수 있다. B씨의 사례와 같이 열성적인 자살 조력자인 그들은 자살을 원하는 상대 여성이 의제강간 연령에 해당하는 어린 나이일지라도 개의치 않고 성관계를 제공할 준비가 되어 있다. 죽음을 스스로 생중계한 A양의 사례는 갤러리 이용자들 눈앞에 전시되는 '짜릿한 대리만족'의 가장 극단적이고 끔찍한 예시다.

살아남은 여자는 아름답지 않다

김영하의 또 다른 대표작 《검은 꽃》은 백 년 전으로 시계를 돌려 식민지 조국을 떠나 멕시코 이민으로 새로운 활로를 찾고자 했던 한인 1세대 이민자들의 이야기를 다룬다. 그 뿌리가 어디에 있건 이민자들의 삶이란 사뭇 고단하기 마련이지만 작품의 여주인공 격인 이연수의 삶은 파란만장하다는 단순한 표현으로는 설명할 수 없다.

연수의 아버지 이종도는 황실과 육촌 사이인 사대부로, 몰락한 반가의 가장인 그가 망해가는 나라에서 희망을 찾을 길은 요원하다. 그는 가족을 데리고 묵서가(멕시코)로 향하는 일포드 호에 올라탄다. 낯선 나라에서 새로운 삶을 개척하는 것이 낫다고 판단한 것이다. 배에 오를 때에만 해도 미미하던 연수의 존재감은 배가 망국에서 멀어질수록 뚜렷해진다. 열여섯 살이던 연수의 아름다움이 온갖 계급이 총망라된 조선의 축소판이라 할 배 위에서 만개하기 시작한 것이다. 물론 이 아름다움은 남성들에게서 성적인 반응을 이끌어내는 관능의 아름다움이다. 남성들은 특히 그의 체취에 반응한다.

> 열흘이 지나고 보름이 되자 그녀에게선 누구라도 분간할 수 있는 특이한 체취가 풍겼다. 그녀가 지나가면 잠든 사람들이 일어났고 아이들이 울음을 그쳤다. 수년 동안 발기하지 못했던 남자는 몽정을 했고 어린 사내들은 밤잠을 설쳤다. 여자들은 수군거렸고 남자들은 고통스럽게 고개를 돌렸다. 가족이라고

모를 리가 없었다. 이종도는 자주 갑판에 올라갔다. 어머니 윤씨는 여인네들이 만든 장막 뒤에서 딸의 옷을 갈아입히다 어떻게 해서든 짝을 지어주고 왔어야 했다며 한탄을 하였다. 동생인 이진우는 새벽마다 잠에서 깨어나 피가 몰리는 아랫도리를 어쩌지 못하고 선실 바닥의 멍석에 부벼대었다.

연수는 일포드 호에서 만난 노비 출신 김이정과 신분을 뛰어넘는 사랑에 빠진다. 둘의 사랑은 멕시코 농장에서도 이어지지만 이정은 곧 농장을 떠나 멕시코 혁명에 투신하고 연수는 이정의 아이를 임신한 채 통역관 권용준의 첩이 된다. 작중에서 연수가 그나마 인간다운 삶을 사는 것으로 느껴질 때는 이정과의 사랑이 유지되는 짧은 동안이다. 권용준에게서 달아난 연수는 중국 식당에서 만난 노인의 첩이 되었다가 또 다른 중국 식당의 종업원으로 팔려간다. 연수는 그곳에서 만난 군인 출신 박정훈과 새로운 가정을 꾸리게 되고 뒤늦게 연수를 찾아낸 이정은 연수의 행복을 빌며 돌아선다.

박정훈이 죽자 고리대금을 시작했다. 베라크루스에서 아무도 넘볼 수 없는 큰손이 되어, 극장을 겸한 술집을 차려 무희들을 고용했다. 유흥가의 거물로 성장했지만, 어떤 자선 사업도 벌이지 않고 어떤 종교에도 의탁하지 않고, 오직 갈퀴처럼 돈을 긁어들이는 일에만 전념했다. 경찰과 행정당국은 그녀에게 매춘알선 혐의를 적용하려 여러 번 시도했지만 끝내 실패하였다.

박정훈이 죽은 뒤의 후일담처럼 서술되는 연수의 노년 모습이다. 나는 이 다음 페이지에서 《죄와 벌》에 등장하는 라스콜리니코프 같은 확신범이 등장해 연수를 살해하는 게 아닐까 조마조마한 마음이 들어 이 부분에서 페이지를 넘기지 못하고 오래도록 망설였었다.

연수를 떠나 게릴라군으로 과테말라까지 흘러 들어가게 된 이정은 신대한이라는 신생국을 세우지만 반년 만에 정부군의 공격으로 패망하고 목숨을 잃는다. 연수는 발기 부전의 남성조차 몽정을 하게 만들던 젊은 날의 성적 매력은 잃어버렸지만, 그의 삶은 첫 남자가 남겨준 결실인 아들을 지키기 위해 이 남자에게서 저 남자로 옮겨 다니는 매우 지난한 것이었지만, 어쨌든 죽지 않고 살아남아 노년을 맞이한다.

여자들의 죽음을 다시 쓴다면

어쩌다 보니 이 에필로그 분량의 많은 부분을 김영하 작가에게 헌정한 셈이 되었다. 본문 원고를 마무리하고 나서 에필로그에서 언급한 그의 두 작품 《나는 나를 파괴할 권리가 있다》와 《검은 꽃》을 다시 읽었다. 《검은 꽃》을 처음 읽을 때는 연수가 라스콜리니코프에게 살해당한 전당포 노파처럼 되지 않은 데 가슴을 쓸어내리기 급급했다가 이번에 다시 읽으며 의문이 생겼다. 죽은 여자는 어찌 이리 아련하게 아름다우며, 살아남은 여자는 또 이토록 생생하게 그악스러운가.

이 의문을 두고 어떤 작품의 단면을 의도적으로 잘라낸 편파적인 것으로 치부할 수도 있겠다. 그러나 이 책 본문에서 다룬 고전 작품들은 물론 함께 언급한 현대의 두 작품에 이르기까지, 각각의 작품에서 이야기의 완결성을 좌우하는 가장 중요한 마침표인 여성들의 죽음을 따로 빼내어 삶과 비교할 때, 유독 여성들의 죽음에만 미학적인 포커스를 두고 있는 건 아닌지, 이것이 혹시 창작의 전형적인 태도는 아닌지 의심하지 않을 수 없다.

창작물에서 여성이 반드시 살아남아야 한다거나 살아남

은 그 여성이 꼭 아름다운 모습이어야 한다는 이야기가 아니다. 그저 이 책에서 다룬 것처럼 사랑과 죽음과 여성이라는 세 개의 키워드가 하나로 결합되어 새로운 세계를 만들 때, 그 세계의 모습은 왜 창작자들의 약속된 코드처럼 아름다운 죽음이라는 한 방향으로 수렴되는가. 이 방향을 추동해가는 것은 누구인가. 이처럼 오랜 세월 동안 무수히 죽은 여자들을 만나온 우리에게는 이제 살아남은 여자들이 필요하다. 아주 많이.

프롤로그에서도 언급한 것처럼 이 책에서 다루고 있는 고전 대부분은 문학 작품으로만 남아 있지 않고 영화로, 연극으로, 오페라로, 발레로 장르를 옮겨가며 꾸준히 재해석되고 재창작되는 작품들이다.

현대 오페라에서는 연출가가 작품을 새롭게 만드는 '레지테아터(Regie-Theater)' 형식이 새로운 대세가 되고 있다. 원작의 시대와 배경을 바꾸는 것은 물론 인물의 성격이나 결말을 비트는 파격을 선보이기도 한다. 지난해 올려진 예술의전당 전관 개관 30주년 기념작 〈노르마〉는 주인공 노르마가 처형대에 올라가는 것이 아니라 아버지에게 살해당하는 결말을 채택했고, 역시 프롤로그에서 언급한 바 있는 서울시오페라단의 〈투란도트〉는 투란도트가 칼라프와 결혼하는 것이 아닌 자결하는 결말이 논란이 되기도 했다. 대구오페라축제 개막작으로 올려진 〈살로메〉는 헤로데가 살로메와 함께 춤추며 의상을 벗고, 결말도 살로메가 아닌 헤로데의 죽음으로 끝나도록 해 화제가 되었다.

이 같은 레지테아터는 오페라만의 전유물이 아니다. 연극 무대는 진작부터 고전에 대한 현대 창작자들의 격전장이 되어왔다. 역시 지난해 올려진 서울시극단의 〈카르멘〉은 호세의 사랑을 스토킹으로 분명히 규정하면서도 호세의 전 약혼녀인 미카엘라의 자살이라는 설정을 삽입하며 호세의 살인과 미카엘라의 자살을 스토킹에 의한 비틀린 결과로 나란히 놓는 우를 범하기도 했다. 미투 운동이 한창 진행 중이던 지난 2018년 서울시무용단은 〈카르멘〉을 올리며 호세에게 자살이라는 또 다른 파국을 부여했다. 2021년 MJ스타피시에서 제작한 연극 〈제인〉에서는 제인이 로체스터와 결혼하는 것이 아니라 세인트 존의 여동생 다이애너와 함께 아프리카 연안의 섬 마데이라로 떠나 아이들에게 미술과 수학을 가르치며 살아가는 새로운 결말을 선보였다.

이러한 각색들은 모두 고전에 깊은 애정을 가진 현대의 창작자들이 현대의 관객들과 어떻게 만나야 할지 고심한 결과물이다. 연출가의 새로운 해석이 모두 진보한 것은 아니지만 재창작의 방향성을 논의할 수 있는 장이 넓어진다는 가능성만으로도 그 의의는 결코 작지 않다. 그렇기에 이 책에서 포커스를 두고 있는 '여성의 죽음으로 완성되는 사랑' 역시 원작을 핑계대며 죽은 여자들의 모습을 반복적으로 재생산하는 것이 아닌 더 진보한 길을 찾을 수 있을 것이다. 이 책도 그 발걸음에 작은 힘이나마 보탤 수 있을 것이다.

삶의 시간이 쌓이는 것은 빚이 쌓여가는 과정임을 매 순간 깨닫는다. 이 책을 쓰면서도 많은 분들에게 큰 빚을 졌다. 빛나는 추천사를 보내주신 세 분의 창작자, 이성미 시인, 윤상은 안무가, 서승연 연출가 들께 먼저 감사드린다. 창작자들이 만들어내는 허구의 세계와 그들이 발 딛고 있는 현실의 세계가 긴밀히 연결되어 있음을 누구보다 잘 이해하고 계신 분들이었고, 때문에 이 책의 기획의도를 듣고는 깊은 공감과 응원의 메시지를 함께 보내주시어 책을 마무리할 때까지 용기를 잃지 않을 수 있었다.

그리고 이번에도 책의 콘셉트에 잘 들어맞는 아름다운 표지를 만들어주신 정계수 디자이너, 저자 못지않은 애정으로 원고를 꼼꼼하고 성실하게 살펴준 편집자 소원과 마케터 김예빈에게도 감사를 전한다. 원고 안에서 길을 잃은 듯한 막막함에 빠질 때마다 그들이 있어 제자리로 돌아올 수 있었다. 또한 이 책을 통해 만나게 될 독자 여러분들께도 미리 감사 말씀 드린다.

《제인 에어》를 읽고 분개한 진 리스가 "단지 한쪽 면일 뿐이잖아. — 영국 쪽 말이야"라고 말했듯이, 그리하여 《광막한 사르가소 바다》 속 앙투아네트가 "모든 일에는 항상 다른 면이 있는 거예요. 항상"이라고 말했듯이, 모쪼록 여성이라는 렌즈로 이 책과 함께 고전을 다시 읽으시면서, 원작이 말해주지 않는 '다른 면'을 발견하시게 된다면 기쁘겠다.

2024년 1월

윤 단 우

참고자료

본문에 인용된 도서 목록(게재순)

《여자를 모욕하는 걸작들》, 이라영 외, 문예출판사, 2023

《햄릿》, 윌리엄 셰익스피어, 김정환 옮김, 아침이슬, 2008

《마농 레스코》, 아베 프레보, 이경석 옮김, 홍신문화사, 1994

《제인 에어》, 샬럿 브론테, 유종호 옮김, 민음사, 2008

《광막한 사르가소 바다》, 진 리스, 윤정길 옮김, 펭귄클래식코리아, 2008

《안나 카레니나》, 레프 톨스토이, 박형규 옮김, 문학동네, 2009

《보바리 부인》, 귀스타브 플로베르, 민희식 옮김, 문예출판사, 2007

《로미오와 줄리엣》, 윌리엄 셰익스피어, 김정환 옮김, 아침이슬, 2010

《오셀로》, 윌리엄 셰익스피어, 강석주 옮김, 펭귄클래식코리아, 2009

《카르멘》, 프로스페르 메리메, 송진석 옮김, 펭귄클래식코리아, 2012
《크로이체르 소나타》, 레프 톨스토이, 이기주 옮김, 펭귄클래식코리아, 2008
《스파이》, 파울로 코엘료, 오진영 옮김, 문학동네, 2016
《물의 요정 운디네》, 프리드리히 드 라 모트 푸케, 차경아 옮김, 문예출판사, 2006
《살로메》, 오스카 와일드, 권오숙 옮김, 기린원, 2008
《에우리피데스의 메데이아》, 에우리피데스, 김종환 옮김, 지만지, 2011
《메데이아, 악녀를 위한 변명》, 크리스타 볼프, 김재영 옮김, 황금가지, 2005
《나는 나를 파괴할 권리가 있다》, 김영하, 문학동네, 1996
《검은 꽃》, 김영하, 문학동네, 2003

본문에 삽입된 그림 목록(게재순)

〈오필리어〉, 존 에버렛 밀레이, 1851~52

지젤 역을 맡은 카를로타 그리지의 초상화, 존 헨리 로빈슨 & 알프레드 에드워드 살롱, 1842

〈도둑맞은 입맞춤〉, 장 오노레 프라고나르, 1787

〈동백꽃 여인〉, 알폰소 무하, 1896

《제인 에어》에 삽입된 삽화, 1847

〈낯선 여인의 초상〉, 이반 크람스코이, 1883

〈제르멩이 없는 동안 주의를 다른 데로 돌리려는 리골레트〉, 조제프 데지레 쿠르, 1844

〈로미오와 줄리엣의 주검 앞 몬태규와 캐퓰릿의 화해〉, 프레더릭 레이턴, 1855

〈데스데모나와 오셀로〉, 안토니오 무뇨스 데그렌, 1880

〈바스크 탬버린을 든 집시〉, 장 밥티스트 카미유 코르, 1860

〈크로이체르 소나타〉, 르네 자비에르 프리네, 1901

마타하리의 초상, 빈 아폴로 극장, 1907 ©Museum of Friesland Collection, Leeuwarden

〈운디네〉, 존 윌리엄 워터하우스, 1872

〈세례자 요한의 머리 앞에서 춤을 추는 살로메〉, 귀스타브 모로, 19세기 후반

〈죽은 아들들과 함께 용이 끄는 마차를 타고 코린토에서 도망치는 메데이아〉, 에르난데스 아모레즈, 1887